Impensable

RESPUESTAS REALES PARA
FAMILIAS ENFRENTANDO LESIONES
CATASTRÓFICAS O MUERTE

Impensable

RESPUESTAS REALES PARA
FAMILIAS ENFRENTANDO LESIONES
CATASTRÓFICAS O MUERTE

J. KYLE BACHUS, ESQ.

LIONCREST
PUBLISHING

IMPENSABLE

Respuestas reales para familias enfrentando lesiones catastróficas o muerte

ISBN   978-1-5445-4760-2   *Tapa blanda*

         978-1-5445-4761-9   *Libro electrónico*

Mamá, hace más de treinta años, alentaste con entusiasmo mis sueños de convertirme en abogado.

Lo que no sabíamos era que mi caso más significativo involucraría tu muerte por negligencia.

¡Te extrañamos mucho todos!

Índice

Introducción   La Llamada que Nadie Quiere Recibir   1

PARTE I   La Investigación y
el Sistema de Justicia Penal

Capítulo 1   La Investigación   9

Capítulo 2   El Sistema de Justicia Penal   27

Capítulo 3   Derechos de las Víctimas   47

PARTE II   Desafíos Prácticos para las Familias
Después de una Muerte Traumática

Capítulo 4   Los Restos   69

Capítulo 5   Su Videa en Línea   77

Capítulo 6   El Patrimonio   81

Capítulo 7   Manejo de Sus Deudas   93

Capítulo 8   Manejo de Sus Propiedades   99

Capítulo 9   Beneficios por Fallecimiento   105

PARTE III Desafíos Prácticos para las Familias
Después de una Lesión Catastrófica

Capítulo 10 Decisiones Médicas 115

Capítulo 11 Finanzas 121

Capítulo 12 Realizando Ajustes 133

PARTE IV Obtener Responsabilidad
por las Consecuencias Permanentes

Capítulo 13 Responsabilidad 143

Capítulo 14 El Sistema de Justicia Civil 159

Capítulo 15 Superando el Duelo 183

Capítulo 16 Legado 187

Conclusión 193

Apéndice 1 Leyes de Derechos de las Víctimas 197

Apéndice 2 Carta a la Oficina del Fiscal 215

Apéndice 3 Entrada de Aparición 221

Apéndice 4 Carta a Correcciones y Libertad Condicional 225

Apéndice 5 Políticas de Redes Sociales Cuando
Alguien Muere 229

Apéndice 6 Leyes de Sucesión Intestada 235

Apéndice 7 Declaración Jurada de Patrimonio Pequeño 245

Apéndice 8 Leyes de Muerte por Negligencia 249

Agradecimientos 259

Sobre el Autor 263

La Llamada que Nadie Quiere Recibir

Eran las ocho de la noche, hora de Denver, del miércoles 28 de abril de 2020. Nuestras vidas bajo el COVID-19 apenas comenzaban. Acababa de terminar una rutina de ejercicio en el sótano y estaba en la cocina comiendo un sándwich de barbacoa cuando sonó mi teléfono.

Mi hermana, en Florida... ¿llamando a las diez de la noche, hora de ella? Eso no ocurría muy seguido. Contesté.

—¿Kyle?

—Hola...

No estaba llorando, pero pude notar que algo andaba mal.

—La policía de Winter Park acaba de irse de mi casa —dijo.

Mi hermana vivía en un suburbio de Orlando, no en Winter Park, que está a unas treinta millas de distancia. Pero nuestra madre vivía en Winter Park.

—¿Es mamá? —pregunté.

Somos una familia unida; antes del COVID-19, mi madre cuidaba a los hijos de mi hermana por las tardes. Ella y yo habíamos hablado el día anterior, preparándonos para poner su casa en venta.

—Sí —respondió mi hermana.

—Algo le pasó —no fue una pregunta. Ya sabía la respuesta.

—Sí.

—¿Está muerta? —también sabía la respuesta a eso. Mi hermana no había comenzado diciendo que iba camino al hospital. No había empezado con "hubo un accidente, pero mamá está bien".

—Sí.

Mi hermana me contó que el oficial había tocado a su puerta, preguntado si Margaret Bachus era nuestra madre, y le informó que nuestra mamá murió atropellada por un auto mientras hacía su caminata nocturna. Las caminatas diarias eran la forma en que mi madre se mantenía activa durante el COVID-19. El oficial le entregó una tarjeta con su número directo, le ofreció sus condolencias y preguntó si estaba bien. Luego, se fue.

Podrías pensar que estaría preparado para una llamada así. Me titulé de la Facultad de Derecho de la Universidad de Florida en 1992 y comencé a trabajar en una firma de lesiones personales el lunes siguiente a la graduación. Mi amor por la lectura me llevó al derecho, y mi afinidad por los desamparados me llevó al mundo de *David contra Goliat* en las leyes de lesiones personales, primero en Florida y luego en Colorado. Cofundé una firma en Denver en 1996 que creció hasta tener treinta abogados y alrededor de cien empleados en cuatro oficinas. En el momento de la muerte de mi madre, tenía veintiocho años de experiencia en este campo. Durante ese tiempo, manejé cientos de casos de lesiones catastróficas y trabajé con más de cien familias que habían perdido a un ser querido. A menudo, llevaba varios casos similares al nuestro al mismo tiempo.

Pero no hay forma de prepararse para una llamada así. No existe preparación para ese golpe en la puerta. En un instante, todo cambia y nunca volverá a ser lo mismo. Es imposible entender el impacto de un evento así a menos que lo hayas vivido. La única forma en que puedo describir mi estado mental tras enterarme de la muerte de mi madre es conmoción. Mi hermano mayor y mi hermana menor son médicos, también familiarizados con la muerte y la tragedia en sus trabajos, y aun así estábamos todos aturdidos.

Para todos nosotros, nada volvería a ser igual.

Subí las escaleras para contarle a mi esposa y escuché a los niños en sus habitaciones cercanas.

—Mi hermana acaba de llamar —comencé—. Mi mamá murió esta noche, mientras caminaba. La atropellaron y murió.

Mi esposa rompió en llanto.

—¿Qué? ¿Estás seguro? —preguntó.

Los niños salieron al oír llorar a su madre. En ese momento, mi hija tenía quince años, y nuestros hijos doce y diez. Toda la familia llamaba a mi madre "Big Sissy" porque ella misma era hermana mayor, y ese era el tipo de persona que era.

—Big Sissy ha muerto —les dije a mis hijos. Y, con eso, sus vidas también cambiaron para siempre.

SUPERANDO LA CONMOCIÓN

Quizá estés leyendo este libro porque alguien que amas murió o sufrió una lesión catastrófica. Has recibido la llamada o el golpe en la puerta, y estás tan aturdido como mi familia. Todos vivimos conscientes de que cosas terribles les pasan a otras personas, pero nunca esperamos que nos ocurran a nosotros. Es un mecanismo de defensa; sin él, quedaríamos paralizados, incapaces de vivir, encerrados en casa por seguridad.

Pero las cosas terribles pueden pasarme a mí, a ti o a cualquiera en cualquier momento. Y si te encuentras en una situación así, es difícil encontrar orientación sobre qué hacer a continuación. También es complicado recuperar un sentido de control en un mundo que, de repente, gira fuera de control.

Lamento la pérdida que has sufrido y el dolor que sientes en este momento. No puedo eliminarlos. Créeme, lo haría si pudiera.

Pero lo que sí puedo hacer, a través de este libro, es acompañarte. Puedo apoyarme en décadas de experiencia como abogado de lesiones personales y en la experiencia personal de la muerte de mi madre para ofrecerte un camino de conocimiento por recorrer.

¿ERES UN PROFESIONAL EN ESTE CAMPO?

También he escrito este libro pensando en ti, con la esperanza de que sea útil para ti, tus colegas y las familias con las que trabajas. Gracias por tu labor.

Los capítulos de este libro están organizados más o menos en el orden en que es probable que surjan los problemas tras la muerte o lesión inesperada de un ser querido. En la Parte 1, hablaremos sobre lo que necesitas saber al tratar con la policía y su investigación. Cubriremos la posibilidad de un proceso penal y por qué las familias a menudo se sienten decepcionadas con el resultado. También abordaré los derechos de las víctimas y lo que pueden significar para ti.

En las Partes 2 y 3, abordaremos los muchos asuntos prácticos que deberás manejar, ya sea que tu ser querido haya fallecido o sufrido una lesión que le cambie la vida, todo esto en un momento en el que es difícil pensar con claridad y sientes que apenas puedes sostenerte.

En la Parte 4, hablaremos sobre cómo buscar responsabilidad y qué puede y no puede lograr una demanda civil contra una persona o empresa responsable de tu pérdida. También hablaremos sobre la importancia de buscar ayuda para manejar tu duelo y los recursos disponibles para financiarlo. Y abordaremos el legado: la esperanza de encontrar algún sentido en la tragedia que has experimentado.

Si has perdido a un ser querido, las Partes 1, 2 y 4 serán más relevantes para ti. Si alguien cercano ha sufrido una lesión catastrófica, encontrarás más útiles las Partes 1, 3 y 4. Pero eso no significa que no puedas leerlo todo si lo deseas; espero que encuentres información valiosa en cada parte de este libro.

Ya sea que tu ser querido haya fallecido o sufrido una lesión catastrófica, has recibido la llamada que nadie quiere recibir. Yo también. Tienes muchas preguntas urgentes y necesitas respuestas. Temes cometer errores porque sus consecuencias podrían durar para siempre.

Tu vida también ha cambiado para siempre, pero *sí* continua y *tiene que* continuar. Escribo este libro porque quiero ayudarte compartiendo lo que he aprendido sobre estos temas a través de mi trabajo representando a personas como tú y de la devastadora experiencia de la muerte de mi madre. No puedo imaginar una mejor forma de honrar a Big Sissy.

UN SITIO WEB COMPLEMENTARIO

He creado un sitio web complementario, KyleBachus.com, donde puedes encontrar material de apoyo relacionado con el libro. Te dirigiré al sitio a lo largo del texto en los casos en los que pueda serte útil.

PARTE I

La Investigación y el Sistema de Justicia Penal

Dos sistemas legales entran en juego después de una muerte o lesión catastrófica: el sistema de justicia penal y el sistema de justicia civil. Cumplen diferentes propósitos, operan bajo diferentes reglas y conducen a resultados distintos.

El sistema de justicia penal existe para hacer cumplir las reglas de la sociedad. Al presentar un caso penal, el gobierno responsabiliza a un infractor por acciones que la sociedad ha definido como un crimen que merece castigo. Una familia que ha sufrido una pérdida traumática o una lesión catastrófica no puede decidir presentar un caso penal; solo la policía o un fiscal que trabaja para el gobierno pueden hacerlo. El propósito de un caso penal no es compensar completamente a la familia, aunque puede resultar en una restitución limitada por los gastos que hayan incurrido.

En resumen: el sistema de justicia penal existe para proteger a la sociedad manteniendo nuestros estándares legales de lo correcto e incorrecto.

El sistema de justicia civil, por otro lado, se trata de buscar una compensación por la pérdida. El gobierno puede presentar un caso civil, pero eso no es de lo que estamos hablando aquí. Si la persona perjudicada era un individuo privado, solo él, su familia o, en algunos casos, su compañía de seguros pueden presentar un caso civil. Los casos civiles son manejados por un abogado privado, y el resultado no puede involucrar tiempo en la cárcel, solo dinero.

La justicia penal está en manos del gobierno, aunque la familia tiene derechos y un papel que puede desempeñar. La justicia civil es diferente; típicamente está en manos de la familia.

Hablaré sobre el sistema de justicia civil en detalle en la Parte 4. Estoy cubriendo primero la justicia penal porque un caso penal, si lo hay, típicamente viene primero.

CAPÍTULO 1

La Investigación

En términos generales, los agentes de la ley con los que me he encontrado quieren hacer un excelente trabajo, al igual que cualquier otra persona que se preocupa por su labor. Y cuando un incidente resulta en una muerte o una lesión catastrófica, los agentes de la ley suelen ser de las primeras personas convocadas para asistir. Pero, como cualquier otra persona, su capacidad para hacer un gran trabajo está limitada por su entrenamiento, su experiencia y la naturaleza de sus responsabilidades. Y es por eso que digo que depender únicamente de la policía para investigar un incidente fatal o catastrófico que involucra a un ser querido equivale a jugar a la lotería.

El oficial de policía que vino a la casa de mi hermana le dijo que nuestra madre había sido atropellada y asesinada por un automóvil. Al día siguiente, empezamos a sospechar que eso podría no ser exactamente el caso, y dos días después, lo supimos con certeza. La verdad comenzó a emerger solo por casualidad: uno de nuestros vecinos en Denver tenía un amigo en Winter Park, Florida, que le contó sobre una publicación en redes sociales acerca de un peatón que había muerto atropellado por un camión mezclador de concreto en ese lugar.

El hecho de que un camión mezclador de concreto fuera responsable de la muerte de mi madre no fue lo único que determinamos por nuestra cuenta. También había una ubicación específica donde mi madre fue asesinada: una intersección concurrida no muy lejos de su casa en Winter Park. Y también la hora del día: a las 4:50 p.m., aproximadamente cinco horas antes de que mi hermana fuera notificada.

Cuando llamé al oficial de policía de Winter Park el día después de que mi madre fue asesinada y le pedí más información, me dijo que el incidente seguía bajo investigación. Pasaría un día, más o menos, antes de que estuvieran listos para sentarse con nosotros.

Mi propósito al compartir esto no es culpar a la policía de Winter Park. Cuando nos reunimos, nos dijeron que no nos habían comunicado el hecho de que un camión mezclador de concreto estaba involucrado porque no querían hacer que la tragedia de nuestra pérdida fuera aún más difícil de soportar. Como cualquier otra persona, estaban tratando de hacer un excelente trabajo.

Pero para la familia de la víctima, hay angustia en no saber. Aprender tanta información lo antes posible sobre el *cómo* y el *porqué* puede ser muy importante para los miembros de la familia después de que ocurre una tragedia. Y esa no es la única consecuencia, especialmente si la otra parte involucrada es una entidad comercial, como una compañía de camiones. La evidencia que necesitarás para responsabilizarlos es efímera, y no siempre puedes contar con que la policía la recoja por ti. Además, la entidad comercial probablemente también entiende la naturaleza efímera de la evidencia y puede ser rápida en recogerla para proteger sus propios intereses.

Inmediatamente después de llamar a la policía, el conductor del camión que mató a mi madre hizo lo que debía hacer. Reportó el accidente al despachador o a un oficial de seguridad en su empresa, que resultó ser uno de los operadores de camiones de concreto más grandes de los Estados Unidos. Por cierto, el conductor acababa de terminar de descargar concreto en un importante sitio de construcción atendido por múltiples camiones a unas tres cuadras de donde mi madre fue asesinada. En menos de una hora, si no antes, la empresa tenía a su propio representante en la escena, y los policías ya no eran los únicos que hablaban con los testigos y recogían evidencia. Y, por supuesto, pasarían horas antes de que nuestra familia fuera notificada, y días antes de que la policía nos informara que un camión comercial estaba involucrado.

Tuvimos suerte en este aspecto: debido al trabajo que hago, conocía las consecuencias de depender completamente de la policía y su investigación. Afortunadamente, mi socio legal se hizo cargo de encontrar nuestras propias respuestas, dejándome a mí para concentrarme en mi familia. Se puso en contacto de inmediato con bufetes de abogados en Florida con los que habíamos trabajado antes y contactó a un ingeniero de reconstrucción de accidentes y a un investigador privado que recomendaron, quienes se dirigieron directamente a Winter Park.

LA ALEATORIEDAD DE LA RESPUESTA POLICIAL

Si algo malo le sucede a un ser querido en la ciudad de Nueva York, es probable que la investigación sea dirigida por un detective o especialista con considerable experiencia, simplemente por el lugar donde ocurrió. Si el mismo evento ocurre en una zona rural o en una ciudad pequeña, puede que solo haya un puñado de oficiales de servicio y que quien sea enviado para comenzar a asegurar la evidencia en la escena nunca lo haya hecho antes, o lo haya hecho con una frecuencia de una vez al año. No es culpa de los agentes de la ley. Esa es simplemente la realidad de la situación. Algunos departamentos comparten jurisdicción y pueden llamar a policías estatales u oficiales de la patrulla de carreteras que tienen más experiencia. Pero el investigador principal dentro de un departamento en particular en caso de una muerte o lesión catastrófica probablemente será determinado por quién esté de servicio cuando ocurra el evento. Por eso digo que es una lotería.

LA NATURALEZA EFÍMERA DE LA EVIDENCIA

Podrías resbalarte en una acera y sufrir una lesión grave —o incluso ser asesinado— pero típicamente en nuestra sociedad, los accidentes más severos involucran vehículos motorizados. Y cuando ocurre un choque, queda evidencia física que puede contar la historia de lo que sucedió. Está justo allí en la carretera: la posición de los vehículos, marcas de derrape, escombros, marcas de carril, semáforos y la condición de la carretera en relación al clima. Por eso la policía cierra la carretera de inmediato: para asegurar la escena y la evidencia que se encuentra allí. Y desde el momento en que ocurre el evento, esa evidencia comienza a disiparse. El tiempo es esencial.

Lo primero que los investigadores intentan determinar es dónde ocurrió el impacto. Están observando los daños por aplastamiento, la posición de los vehículos y los escombros. Luego, quieren retroceder en el tiempo. ¿Dónde estaban los vehículos medio segundo antes del impacto? ¿Un segundo? ¿Tres? ¿Cinco?

¿Qué pueden decirles las marcas de derrape sobre la velocidad a la que iba un vehículo y si el conductor intentó detenerse? Todo esto se reconstruye a través de una investigación de accidentes con la ayuda de la tecnología, y no hay nada automático o infalible al respecto. Si los investigadores se equivocan en el punto de impacto, entonces el resto de los datos puede estar equivocado.

¿Por qué se disiparía la evidencia? Considera el clima. ¿Está la carretera mojada? ¿Está nevando y es resbaladiza? Más allá del clima, el mayor impacto en la evidencia física ocurre cuando la policía reabre la carretera. Las calles tienen que funcionar; el tráfico necesita fluir; todos tenemos lugares a donde ir. La policía necesita recoger la evidencia lo más rápido posible, para poder reabrir la carretera.

Los testigos suelen ser los primeros en llegar al conductor y preguntar si está bien y qué pasó; eso hace que lo que el conductor les dijo sea importante. Si es un conductor culpable en un accidente catastrófico, lo que dice inicialmente puede ser muy diferente de lo que le dice a la policía que llega en un coche patrulla tres, cinco o diez minutos después. Y los testigos no permanecerán en la escena para siempre. Algunos se irán sin siquiera dar sus nombres, y mucho menos una declaración.

Hoy en día, la evidencia de datos es muy importante. Muchas intersecciones tienen cámaras; también lo tienen los negocios y los timbres residenciales, los conductores de Uber y los taxis. Todas estas cámaras tienen almacenamiento limitado, y eventualmente, se grabarán sobre sí mismas, ya sea en un día o en quince. Si las grabaciones no se aseguran en ese tiempo, el video se pierde para siempre. Los vehículos ahora llevan el equivalente a las cajas negras, llamadas ECMs, que están constantemente grabando variables como la velocidad, el frenado y el despliegue de bolsas de aire pueden capturar los últimos quince o veinte segundos antes de que ocurra un accidente, pero una vez que el vehículo se va, esos datos también pueden ser sobrescritos. Algunos departamentos de policía pueden no saber cómo descargar los datos; cómo se hace esto puede variar de un vehículo a otro.

En nuestro caso, la compañía del camión mezclador de concreto le dijo a los policías que no se preocuparan, que se encargarían de tomar el vehículo, estacionarlo y descargar los datos de la caja negra. Tal vez eso estuvo bien, pero ciertamente me preocupó cuando me enteré. Preferirías que la policía incautara el vehículo y lo remolcara para asegurar cualquier evidencia, pero puede que no lo hagan.

METAS E INTENCIONES

También es importante entender que todos los involucrados en una investigación no comparten los mismos objetivos e intenciones.

Si la víctima está muerta, por supuesto, no puede hablar por sí misma, y lo mismo puede ser cierto si está catastróficamente lesionada. Y, por supuesto, siempre existe la posibilidad de que la policía determine que tu ser querido tuvo la culpa.

La policía está tratando de determinar la culpa —y si se ha cometido un crimen. Eso significa que están haciendo un conjunto específico de preguntas, basadas en las circunstancias y las leyes criminales que la policía está facultada para hacer cumplir. Su responsabilidad es proteger los intereses de la sociedad en general, no los del individuo víctima.

La persona que causó el evento probablemente reconocerá que está en peligro y actuará por autopreservación. Podríamos pensar que admitirían que tienen la culpa y son responsables, pero eso simplemente no ocurre muy a menudo.

De nuevo, eso es especialmente cierto si la otra parte es una entidad comercial. En caso de un choque, el objetivo de una compañía sofisticada es limitar las consecuencias financieras para los propietarios y accionistas. Probablemente no tengas un plan establecido para lidiar con lo inesperado porque es inesperado. Pero los grandes propietarios de camiones comerciales y flotas saben que los accidentes son previsibles. Conduce suficientes millas, y los accidentes sucederán. Así que, estas compañías, y sus compañías de seguros, tienen planes establecidos para poner equipos de personas en el terreno inmediatamente si es necesario. Mientras tú aún estás aturdido y tratando de entender lo básico de lo que sucedió, ellos están trabajando activamente para proteger sus intereses.

OPCIONES QUE LA POLICÍA PODRÍA TOMAR

Al completar su investigación, las opciones que los oficiales de policía pueden tomar van desde no tomar ninguna acción hasta emitir una multa de tráfico o presentar cargos criminales más significativos. Los fiscales podrían decidir agregar o retirar cargos más tarde, pero típicamente es la policía quien inicia el proceso.

Para los investigadores policiales, la decisión de presentar cargos criminales significativos generalmente se reduce a la cuestión de la intención. Legalmente, se llama *mens rea*, un término latino. Si alguien que ha estado bebiendo y conduciendo se pone al volante y causa un choque que daña o mata a otra persona, la policía puede presentar cargos criminales significativos porque pueden demostrar intención criminal. Eso es porque la ley presume que si bebes y conduces, sabías que lo que estabas haciendo probablemente causaría daño a otros.

Pero si alguien quita los ojos de la carretera por un momento y accidentalmente se pasa un semáforo en rojo y causa un choque similar, puede que no enfrente nada más que una multa de tráfico de bajo nivel. En ambos casos, alguien queda muerto o gravemente herido. Pero en el caso de pasar accidentalmente un semáforo en rojo, la policía puede no encontrar evidencia que sugiera que el conductor realmente *intentó* dañar a otros. La policía puede concluir que el conductor simplemente cometió un error con resultados trágicos. Las consecuencias de una multa de "conducción imprudente que resulta en lesiones graves o muerte" de bajo nivel emitida a un conductor pueden estar terriblemente desproporcionadas respecto a la magnitud del daño causado, pero bajo la ley, la policía puede determinar que es todo lo que se justifica.

Si realizas una investigación lo suficientemente profunda, normalmente encontrarás una razón por la cual ocurrió el choque. Tal vez el pie del conductor se deslizó del pedal del freno. Podría haber estado en su teléfono celular. En casos de camiones comerciales, podrías descubrir que el conductor ha estado al volante más tiempo del permitido por las regulaciones; están pasados de horas y fatigados. El flujo de tráfico en una intersección concurrida podría ser confuso para un conductor que viene de fuera de la ciudad.

Encontrar una razón para un accidente, e incluso determinar quién es responsable de él, no es lo mismo que establecer intención criminal. Un conductor podría ser descuidado —negligente, en términos legales, lo que significa que no hizo lo que una persona razonable habría hecho en esas circunstancias— pero eso no necesariamente significa que cometió un crimen serio bajo la ley vigente.

Los detalles legales son interminables. Pasar intencionadamente un semáforo en rojo y bombear a través de una intersección a sesenta millas por hora es muy diferente bajo la ley criminal que pasarlo accidentalmente. Si estás enviando mensajes de texto mientras conduces y causas un choque, eso sugiere que estás ignorando conscientemente la seguridad de otros y podrías enfrentar cargos criminales significativos. Accidentalmente no frenar a tiempo y chocar con el coche de enfrente es negligente, pero casi nunca vas a la cárcel por mera negligencia. Eso no significa que no haya responsabilidad por negligencia; llegaremos a eso más adelante, en nuestra discusión sobre demandas civiles. Sí significa que la negligencia en sí misma generalmente no se considera un crimen grave.

HACER QUE TU CASO SEA UNA PRIORIDAD PARA LA POLICÍA

En nuestra sociedad vemos, apropiadamente, a la policía como figura de autoridad. Pero son servidores públicos. Trabajan como empleados dentro de la estructura de un gobierno municipal o de la ciudad. En algunos aspectos, son ineludiblemente políticos, y tenemos acceso a ellos al igual que a otros empleados públicos. Eso también significa que, como dice el dicho, solo a la rueda que rechina se le engrasa.

Como fue el caso con mi familia, tu conexión inicial con la policía probablemente será la presentación del oficial o investigador que te notificó sobre el accidente. También tienes derecho a conocer la jerarquía del departamento: los nombres y cargos de las otras personas involucradas en la investigación y los roles que desempeñan. Dependiendo del tamaño del departamento, podrías encontrar que detrás del oficial de tráfico que respondió a la escena hay un investigador de nivel superior de algún tipo, como un investigador de fatalidades o un perito de accidentes. Encima de ellos podrías encontrar al jefe de policía. Es completamente apropiado que digas que te gustaría hablar con el oficial de mayor rango involucrado, solo para asegurarte de que tienes una buena comprensión de cómo se desarrollará tu caso en particular. Una vez que entendí la jerarquía de la policía de Winter Park —un departamento pequeño en una ciudad pequeña con experiencia limitada en la investigación de fatalidades de tráfico— llamé y les pedí que programaran una reunión, para poder presentarme con el jefe.

El objetivo en todo esto es hacer que la policía sea consciente, al más alto nivel, de que su investigación es extremadamente importante para tu familia y de que estás monitoreando su progreso. ¿Por qué? Porque los departamentos de policía se ocupan mucho. Y es solo un hecho de la naturaleza humana, ya sea que hables de una tintorería o de un investigador policial: cuanto más las personas con las que tratas entiendan que estás involucrado activamente y que esto te importa profundamente, mejores serán las posibilidades de que obtengas la más alta calidad de trabajo de la manera más oportuna posible. Cuando tu familia ha sufrido una pérdida traumática, puede que no haya mayor prioridad para ti que llegar al fondo de lo que pasó, por qué pasó y asegurarte de que las personas involucradas sean responsables, no solo por el bien de tu familia, sino para asegurarte de que no vuelva a sucederle a otra persona. Así que, lleva una foto de tu ser querido o de sus hijos a tu reunión con la policía. Cuéntales sobre la importancia para ti de la persona que has perdido o que ha sido lesionada, deja claro que quieres hacer todo lo que puedas para alentarlos y asistirlos, y diles lo agradecido que estás por el trabajo que están haciendo.

Aunque es poco probable, podrías encontrar una reacción defensiva, por lo que se requiere tacto —preguntar en el momento adecuado y en el tono adecuado. No estás tratando de causarle problemas a nadie. He descubierto que muchos agentes de la ley están encantados de ser alentados en su trabajo. Casi todos ellos quieren ayudar a las personas; es por eso que entraron a la policía. Aprecian ponerle una cara al nombre y poder personalizar la pérdida que has sufrido. Si encuentras resistencia a un nivel inferior, ve hacia arriba. Hay un jefe de policía en cada departamento, y sin importar el tamaño del departamento, investigar una fatalidad o una lesión catastrófica es un gran asunto. Es perfectamente apropiado llamar a la secretaria del jefe, presentarte y decir, como lo hice yo: "Mi madre fue asesinada en su ciudad el día X, y me gustaría tener la oportunidad de presentarme con el jefe y contarle un poco sobre mi familia".

Reconozco que todos venimos a la mesa con diferentes experiencias respecto a la policía y que muchos afroamericanos, entre otras minorías estadounidenses, han llegado a temer a la policía como una presencia hostil en sus vidas. Pero si has sufrido una pérdida catastrófica debido a un accidente, no tienes otra opción que contar con la policía. Ellos están necesariamente involucrados en lo que sucede después, al menos desde la perspectiva del derecho criminal. Puedes elegir no hacer nada para relacionarte con ellos. O puedes elegir empoderarte, hacer lo que puedas para tener el más alto nivel de participación e influencia sobre lo que se desarrolle.

TUS TRES METAS

Puedes recuperar cierta medida de control sobre lo impensable haciendo lo que puedas para asegurarte de que el caso de tu ser querido sea más que solo otro número de archivo para la policía. Al ser proactivo, tú:

1. Pones a tu familia en primer plano al hacer saber que estás presente y monitoreando activamente la investigación.

2. Personalizas tu pérdida y pones una cara al nombre al compartir una fotografía de tu ser querido.

3. Estableces expectativas para la comunicación, los plazos y el papel que la policía quisiera que tu familia desempeñe.

SI LA POLICÍA PIDE HABLAR CONTIGO

Una última cuestión respecto a la policía: pueden tomar la iniciativa y pedir hablar contigo o con tu familia como parte de su investigación criminal. Si eso sucede, no es porque la familia esté en problemas. En cambio, es probable que busquen información sobre el estado mental, la estabilidad o los hábitos de tu familiar. Pueden pedirte que acudas y decirte que te informarán sobre lo que pasó después de hacerte algunas preguntas.

Es especialmente importante que la familia se sienta empoderada en esas circunstancias —entender que no están obligados a cumplir. Puede ser algo que quieras hacer, como acabamos de discutir, y no estoy sugiriendo que necesariamente haya algo malo en que la policía pregunte. Pero es importante conocer tus derechos.

Primero, es voluntario. No tienes que hacerlo. Y si quieres hacerlo pero no te sientes cómodo en el momento, o no estás en el estado mental adecuado, puedes pedir un aplazamiento.

También puedes influir en los términos bajo los cuales hablarás con ellos. Es completamente apropiado que pidas a la policía que explique su propósito y el tema a discutir para que puedas decidir si quieres que se grabe o no. También puedes hacer tu propia grabación de la conversación.

Y, por supuesto, puedes tener a tu abogado contigo. Querer que un abogado te ayude a navegar la situación no sugiere que hayas hecho algo malo, y la policía lo entiende absolutamente.

De nuevo, también creo que hay valor en hablar con la policía. Es una calle de doble sentido. En nuestro caso, queríamos que la policía de Winter Park supiera que la comunicación transparente era extremadamente importante para nosotros y estábamos ansiosos por obtener la mayor cantidad de información posible de ellos sin poner en peligro su investigación, incluso si la información era dolorosa de escuchar. También sabíamos que probablemente pedirían que la conversación se grabara, y estábamos de acuerdo con eso. Pero comenzamos diciéndoles que teníamos algunas cosas que decir sobre su comunicación e investigación que quizás *ellos* no quisieran grabar porque las grabaciones se convertirían en evidencia en caso de que presentaran cargos. Ellos estuvieron de acuerdo, y planteamos nuestras preocupaciones sobre cómo nos habían tratado hasta ese punto, tres días después del accidente —reconociendo que sabíamos que tenían nuestros mejores intereses en mente, pero que no queríamos quedarnos en la oscuridad. También les dije que habíamos tenido nuestros propios investigadores en el terreno, y compartí lo que habíamos aprendido a pesar del silencio de la policía: que el conductor del camión mezclador de concreto salió por detrás de mi madre mientras ella cruzaba la calle con el derecho de paso y la señal de caminar encendida, y la atropelló mientras giraba a la derecha.

Para cuando terminamos, la policía no quiso grabar nada. El resultado fue una mejor comunicación con el departamento de policía a partir de entonces, y creo que la policía estaba agradecida de que no hubiera expresado mi descontento sobre cómo nuestra familia había sido tratada en una grabación que se convertiría en parte del expediente público del caso y que potencialmente podría ser utilizada por un abogado defensor para cuestionar la calidad de su investigación.

OBTENER TUS PROPIOS EXPERTOS EN EL TERRENO

Podría ser obvio, pero la policía que investiga accidentes recibe entrenamiento de alguien. Todos los oficiales de policía deben estar entrenados en reconstrucción de accidentes al menos en un grado mínimo para poder certificarse. Una vez certificados, un oficial puede ascender a través de capacitarse en niveles más altos de reconstrucción e investigación de accidentes. Con la capacitación de Nivel I, un oficial aprende qué buscar y qué preguntas hacer en la escena, pero se detiene lejos de aprender cómo reconstruir lo que sucedió. La certificación más alta es la de Nivel IV, la cual proporciona un entrenamiento en el uso de software digital para reconstruir y representar cómo ocurrió un percance.

Hay una multitud de expertos *fuera de* los departamentos de policía en una variedad de campos relacionados con la investigación de accidentes, entre ellos los instructores que entrenan a la policía. Estos expertos pueden ser contratados directamente por una víctima o por miembros sobrevivientes de la familia para llevar a cabo una investigación privada independiente. Pueden ser más económicos y fáciles de ubicar a través de un abogado, como explicaré, pero son accesibles para cualquiera y es posible encontrarlos a través de una sencilla búsqueda en Google.

Ingenieros Profesionales

Los ingenieros profesionales son expertos con educación académica en una variedad de especialidades que, en muchos casos, supera por mucho las cualificaciones de quienes trabajan en un departamento de policía . Puede constar tanto de un título de pregrado como un doctorado en ingeniería mecánica. Otros son conocidos como expertos en factores humanos, con doctorados en la evaluación de la toma de decisiones humanas: lo que alguien podría haber visto, cuál podría haber sido su tiempo de reacción y otras formas de entender un accidente desde la perspectiva humana. Hay ingenieros de tráfico que pasan sus carreras estudiando la ubicación y secuenciación de semáforos y la coordinación de señales de cruce peatonal y semáforos. Otros se especializan en regulaciones relacionadas con la seguridad de conductores comerciales; otros, incluso, cuentan con experiencia particular en la seguridad de tractocamiones o camiones de reparto. Hay expertos independientes que se especializan en descargar e interpretar datos de cajas negras en vehículos.

Puedes localizar una firma de ingeniería de reconstrucción de accidentes mediante una búsqueda en línea de "Ingeniero de Reconstrucción de Accidentes" junto con el nombre de la ciudad más cercana al choque. Llama a una de las firmas y diles que un ser querido ha estado involucrado en un accidente serio y que estás buscando consultar con alguien que pueda comenzar a asegurar la evidencia desde una perspectiva independiente y trabajar como un segundo par de ojos con el departamento de policía. Como discutí anteriormente en este capítulo, la evidencia se disipa con cada día que pasa. En lugar de pagar por una reconstrucción completa del accidente desde el inicio, muchas veces un buen comienzo es simplemente preguntar a la firma cuál sería el precio estimado para que vayan al lugar del choque y aseguren la evidencia digital y física, la cual, en caso de ser necesario, precisarán para completar una reconstrucción completa más adelante.

Los ingenieros profesionales trabajan por hora, y no son baratos. Un ingeniero profesional de alto nivel podría requerir un anticipo inicial de, digamos, $2,000 USD, podría cobrar $250 USD la hora o más. Conozco a uno que cobra $200 USD la hora, menos lo correspondiente a su asociado, y con doble tarifa por trabajo urgente, de fin de semana o nocturno.

El papel de un ingeniero es el análisis. Como parte de la preservación de la evidencia, como he descrito, es probable que elaboren un escaneo digital completo de la escena. Ese trabajo les permitirá reconstruir completamente el accidente más tarde si resulta necesario. Podrías gastar $2,000 USD simplemente preservando la evidencia que necesitas para respaldar un caso civil.

Investigadores Privados

Menos costoso pero igualmente importante que contratar a un ingeniero forense es contratar a un investigador privado. Muchos indicarán en sus sitios web si trabajan en la investigación de accidentes. El primer y más importante servicio que querrás que te proporcionen es asegurar toda la evidencia en video de estaciones de servicio, residencias y otras cámaras cercanas, así como identificar y entrevistar testigos. No tendrán la experiencia de un ingeniero en el trabajo; no pueden realizar un escaneo digital, y pueden pasar por alto evidencia que llamaría la atención de un ingeniero. Pero pueden ser capaces de ir más allá de lo que la policía fue capaz de hacer. La policía no analiza cuestiones sistémicas, como las condiciones laborales de un conductor comercial o cuántos otros accidentes ha tenido el conductor o la compañía en el pasado, porque eso está fuera de su rol —pero pueden ser altamente relevantes para entender lo que ha sucedido y contribuir a que la parte responsable rinda cuentas. Como explicaré más adelante, descubrimos lo cierto que era. Las tarifas de los investigadores privados típicamente oscilan entre $40 USD y $120 USD la hora, y puedes lograr mucho por $500 USD.

Abogados de Lesiones Personales

No estoy aquí para hacer una presentación de negocios para abogados de lesiones personales, pero una opción importante para la familia es trabajar con un bufete de abogados bien calificado con una amplia experiencia en casos de lesiones catastróficas y muerte por negligencia. Digo "bien calificado" porque, simplemente leyendo este libro, puedes saber más sobre cómo manejar estos casos que muchos abogados de práctica general o abogados que se especializan en otros campos.

Los abogados que se especializan en casos de lesiones personales comenzarán con preguntas sobre quién tiene la culpa y si hay seguro. Si la culpa parece relativamente clara y parece que hay seguro, la mayoría de estos abogados aceptarán un caso en lo que se llama una base de honorarios de contingencia —un porcentaje de cualquier acuerdo o compensación que la familia finalmente gane.

Eso significa que la familia no necesita disponer de dinero para pagar a los abogados por hora —y un bufete de abogados de lesiones personales bien calificado adelantará el costo de contratar a los expertos para asegurar la información necesaria y así reconstruir lo que sucedió. Los abogados también tienen relaciones con ingenieros e investigadores privados en cuyo trabajo confían, así como la capacidad de ponerlos en la escena a trabajar en nombre de la familia lo antes posible. Típicamente, eso es dentro de veinticuatro a cuarenta y ocho horas. Si es un bufete de abogados creíble y luego concluyen que no hay caso que perseguir, no se te requerirá que les pagues de vuelta por los costos en que hayan incurrido.

AFIRMAR EL CONTROL

La primera fase después de una muerte accidental o una lesión catastrófica es una investigación policial. Puede concluir en la escena dentro de horas o desarrollarse durante los días y semanas siguientes. Si te llevas algo después de leer este capítulo, espero que sea esto: has sido victimizado por la tragedia, y tomar medidas para protegerte a ti y a tu familia de ser revictimizado por la investigación representa un medio temprano y potencialmente muy importante para afirmar al menos algún control sobre lo impensable.

CAPÍTULO 2

El Sistema de Justicia Penal

Tras su investigación de dos meses, la policía de Winter Park decidió acusar al conductor del camión de hormigón por conducción imprudente que resultó en muerte. Si era declarado culpable, habría enfrentado la pérdida de su licencia de conductor comercial durante un año y una multa de mil dólares o más. Mínimamente equilibrado en relación a la pérdida de mi madre, pero era algo.

Cuando el oficial de policía emitió la multa, marcó "conducción imprudente" y se olvidó de marcar "resultó en muerte". Un error simple; literalmente lo olvidó. La penalización: dos puntos en su licencia de conducir y una multa de $180 USD. Para cuando la policía reconoció su error y emitió la multa correcta, el conductor ya se había declarado culpable del cargo menor y había pagado rápidamente la multa más baja.

En la corte, el abogado defensor argumentó que, debido a que el conductor ya se había declarado culpable y había pagado la multa original, no podía ser acusado una segunda vez por el mismo suceso. Volé a Florida, no como abogado sino como víctima, y supliqué al juez que no fallara a su favor, pero lo hizo. El nuevo cargo fue desestimado por un tecnicismo. Lo que significaba que, en el sistema de justicia penal, el conductor del camión había logrado salir impune por matar a mi madre y le costó menos que si hubiera estado conduciendo a diez millas por hora sobre el límite de velocidad, y ni siquiera perdió su licencia de conducir un solo día. He conocido al oficial de policía que emitió la multa dos veces, y me agrada. Estoy seguro de que se siente terrible por su error. Pero es mi familia la que tiene que vivir con las consecuencias, y ciertamente nos dejó con la sensación de que no había mucha justicia en el sistema penal.

Desafortunadamente, no estamos solos en eso. Las familias que han soportado una pérdida catastrófica a menudo están extremadamente insatisfechas con el resultado de un caso penal, y no suele ser por un error como no marcar una casilla. Es por el sistema mismo. Esta es la mejor manera de explicar por qué importa conocer quiénes están involucrados en una acusación penal, cómo funciona y lo que puede y no puede hacer por tu familia.

PRESENTACIÓN DE CARGOS

Asesinato, robo, asalto, conducir bajo la influencia de estupefacientes —todos estos son delitos según la ley. Las leyes difieren por estado, pero cada ley escrita detalla exactamente qué constituye un delito, así como las penas que podría enfrentar un infractor.

Los cargos criminales pueden presentarse de dos maneras. Primero, y más a menudo, la policía inicia un caso penal arrestando y acusando a alguien de uno o más delitos. El caso luego se entrega a un fiscal del gobierno, quien hace su propia evaluación y podría elegir desestimar los cargos o perseguirlos.

Segundo, un fiscal puede presentar cargos de manera independiente, sin importar lo que la policía hizo o no hizo. En el caso de delitos graves, los fiscales a menudo comienzan presentando pruebas en privado a un gran jurado, cuya decisión sirve como una indicación preliminar de si la comunidad considera que el caso es demostrable. Después de considerar las pruebas limitadas presentadas por el fiscal, un gran jurado puede emitir lo que se llama una acusación formal a solicitud del fiscal.

Ese segundo mecanismo es importante de entender como víctima. Significa que si la policía no presenta cargos y sientes que la familia no ha recibido un trato justo, puedes dirigirte directamente a la oficina del fiscal y solicitar una oportunidad para hablar con alguien sobre tu caso. Los fiscales son empleados públicos, al igual que la policía, y como ciudadano, ciertamente tienes derecho a pedir hablar con alguien en su oficina. Si la policía decide no presentar cargos, es posible que la oficina del fiscal ni siquiera esté al tanto de tu caso. En ese caso, necesitarás presentarles documentación.

Hemos seguido exactamente ese camino en el caso de mi madre. Debido al error en la emisión de la multa y la rápida declaración de culpabilidad y pago del conductor, la oficina del fiscal local no había sido informada de su muerte y las circunstancias que la rodearon. Pedimos una oportunidad para reunirnos y mostrarles lo que contenía el expediente policial, con la esperanza de que consideraran una investigación independiente sobre si se podrían presentar cargos adicionales y más graves. El fiscal principal aceptó reunirse con nosotros. Utilizamos una presentación de PowerPoint para argumentar que los hechos cumplían con los elementos de homicidio vehicular según la ley de Florida. Aunque mostró simpatía, el fiscal expresó preocupación sobre demostrar la intención criminal requerida para condenar al conductor por ese grave cargo de homicidio vehicular. Expresó frustración por el error de la policía de Winter Park al emitir la multa y la oportunidad perdida de condenar al conductor por el cargo menor de "conducción imprudente que resultó en muerte". No se presentaron nuevos cargos, pero al final, sentimos que habíamos hecho todo lo que podíamos en el sistema de justicia penal en nombre de Big Sissy.

LOS FACTORES QUE CONSIDERAN LOS FISCALES

Antes de perseguir un caso penal que involucra muerte o lesión catastrófica, independientemente de quién inicie los cargos, los fiscales deben hacerse una serie de preguntas.

Primero, si la persona acusada realmente cometió un delito según los elementos descritos en la ley. Como discutí en el Capítulo 1, el tema clave que impacta la seriedad de los cargos presentados en la mayoría de los casos de muerte o lesión catastrófica es la intención criminal. Una persona que causó un accidente por negligencia puede ser culpable de lo que sucedió sin ser culpable de un delito grave punible con tiempo en la cárcel. Alguien que simplemente se confunde en una intersección desconocida, se pasa un semáforo en rojo y causa un accidente probablemente no haya cometido un delito grave. Alguien que se emborracha, se pasa el mismo semáforo en rojo y causa un accidente sí lo ha hecho, porque según la ley, emborracharse y luego conducir se considera una expresión de intención criminal.

La segunda pregunta que un fiscal se hará es si es posible probar el caso sin depender del testimonio del acusado. La Constitución de los EE. UU. nos protege a todos de ser obligados a testificar contra nosotros mismos, a menos que confesemos voluntaria y conscientemente. Sin una confesión, el fiscal debe depender de evidencia física y testimonio de testigos que no sean la persona acusada. ¿Las cámaras captaron lo que sucedió? ¿Las personas que la policía entrevistó están de acuerdo en lo que vieron?

Finalmente, el fiscal debe decidir si pueden probar el caso más allá de una duda razonable. Es un estándar muy alto, y eso es intencional. No es fácil ganar una condena penal. Eso se debe a que nuestro sistema se construyó, hace mucho tiempo, sobre el concepto de derechos individuales y libertad. Decidimos, como sociedad, que preferimos ver a una persona culpable libre que a una persona inocente condenada.

LOS PARTICIPANTES Y SUS ROLES

Supongamos que se presentan cargos criminales en el caso de tu familia. ¿Cómo se desarrolla a partir de ahí? Comenzaré describiendo a los participantes principales y sus roles.

Víctima y Familia

La mayoría de los Estados han promulgado leyes sobre los derechos de las víctimas que establecen apoyo significativo y oportunidades para estas y sus familias; las cuales cubriré en su totalidad en el Capítulo 3. Dicho esto, la víctima (por la cual también me refiero a la familia) no está formalmente involucrada en decidir si presentar cargos, cuáles deben ser los cargos, o si ir a juicio o negociar un acuerdo de culpabilidad con el acusado. Esto contrasta marcadamente con el sistema de justicia civil, donde la víctima toma todas las decisiones, comenzando con si iniciar una demanda en primer lugar, lo cual cubriré en la Parte 4.

La Oficina del Fiscal

En algunos lugares, los fiscales principales se llaman fiscales de distrito, y en otros, se les llama fiscales estatales. En algunos casos, son elegidos, y en otros, son nombrados por el gobernador; de cualquier manera, sirven un período determinado. Al menos un abogado que trabaja en la oficina del fiscal será asignado a cada caso; típicamente se les llama asistente del fiscal estatal o fiscal adjunto de distrito. La oficina también empleará a sus propios investigadores así como a defensores de los derechos de las víctimas, que cubriremos en el próximo capítulo. Los delitos se dividen en diferentes categorías; los menos graves se llaman "delitos menores" y generalmente implican menos de un año de cárcel o ningún tiempo en la cárcel; los delitos más graves sí lo hacen y se llaman "delitos mayores". Desafortunadamente, la mayoría de los casos de lesiones catastróficas se acusan como delitos menores. Generalmente, cuanto menor sea el delito, menos experiencia es probable que tenga el fiscal.

Si el caso involucra una multa por conducción imprudente, por ejemplo, podrías estar tratando con un fiscal que recién salió de la facultad de derecho, aprobó el examen profesional hace unos meses y está ocupando un puesto inicial de abogado. Si es un caso de manejo bajo los efectos del alcohol, el nivel de experiencia del fiscal puede ser un poco más alto. Pero, en términos generales, a menos que estés hablando de un delito grave en el cual se actuó intencionalmente, como asesinato en primer grado, probablemente estarás tratando con un fiscal que tiene menos de cinco años de experiencia. No estoy diciendo que eso sea terrible; simplemente es importante saber con quién estás tratando.

El Efecto de la Rueda que Rechina

La oficina del fiscal tiene una jerarquía, al igual que los departamentos de policía. Puede haber un funcionario electo a cargo —*el fiscal estatal* o *el fiscal de distrito*, con asistentes que son los abogados que realizan el trabajo de la oficina. También puede haber un fiscal de carrera dentro de la estructura, con un título como jefe de oficina. Como miembro de la familia, puedes hablar con el fiscal asignado a tu caso y preguntar sobre su experiencia y la jerarquía existente. Si te preocupa su experiencia, puedes discutirlo. No va a cambiar su asignación, pero logrará las mismas cosas que mencioné al tratar con el departamento de policía: asignarás un nombre a la cara, les harás saber que estás observando y apreciando su trabajo, y te asegurarás de que sepan que la familia está comprometida. Es el efecto chirrido de rueda nuevamente.

El Rol del Fiscal

El fiscal en un caso es responsable de todas las apariciones en la corte en nombre del estado, o lugar que presentó los cargos. No representan a la víctima; representan al pueblo. Están revisando los elementos necesarios para probar el caso bajo las leyes penales haciéndose algunas de las mismas preguntas que hizo la policía: *¿Puedo probar eso? ¿Qué testigos necesito? ¿Deberíamos ir a juicio o negociar un acuerdo de culpabilidad?* Si el caso va a juicio, es el fiscal quien se presenta ante el juez y el jurado para argumentar el caso en nombre del gobierno.

Para la Defensa

Si la persona acusada enfrenta tiempo en la cárcel, tiene derecho a un abogado defensor, ya sea que pueda pagar uno o no. Si tiene el dinero, puede contratar a un abogado privado que se especialice en defender casos penales. Si no, puede tener un defensor público que lo represente. La oficina de defensoría pública está financiada por el gobierno, pero sirve para asegurar que se protejan los derechos del acusado. Gran parte del sistema de justicia penal está orientado hacia ese objetivo, y por una buena razón: como sociedad, valoramos los derechos del individuo y tenemos un interés compartido en asegurar que no se abuse de los profundos poderes de la policía y del gobierno.

El Rol del Abogado Defensor

Como contraparte del fiscal, el abogado defensor hace apariciones en la corte en nombre del acusado, presenta su declaración, lo representa en cualquier negociación de culpabilidad y argumenta el caso ante el juez y el jurado si el caso va a juicio. Es su trabajo presentar mociones para suprimir evidencia o desestimar cargos para proteger los intereses del acusado. Puede sentirse como una ofensa personal para ti, como la familia de la víctima, pero es su responsabilidad.

El Juez

Los jueces, dependiendo del estado en el que te encuentres, pueden ser elegidos o nombrados para un período determinado en el cargo. En casi todos los estados, deben ser abogados. Pueden servir a nivel estatal, de condado o de ciudad. La mayoría de los casos, a menos que involucren delitos mayores, se juzgan a nivel local de condado. Los jueces no representan a la víctima, al pueblo ni al acusado. Su rol es asegurar que la ley se aplique de manera justa, tomar decisiones sobre si la evidencia cumple con los estándares requeridos para ser considerada, y presidir sobre el procedimiento. Son el árbitro, el juez, del caso.

Entonces, es el juez quien se sienta al frente mientras se exponen los cargos contra el acusado en la corte abierta y quien luego programa el caso para el juicio. Si hay disputas sobre los propios cargos o la evidencia, el juez programará una audiencia antes de decidir cómo resolverlas. Nuevamente, hay personas que creen que el juez está allí para ayudar a la víctima y otras que creen que está allí para ayudar al acusado. No están allí para ayudar a ninguno de los dos. Su trabajo es ser imparcial al seguir la ley.

El Jurado

Las personas acusadas de un delito en los Estados Unidos tienen derecho a solicitar un juicio por jurado. No tienen que hacerlo; podrían solicitar un juicio por juez. Pero la mayoría de las personas sienten que tendrán una mejor oportunidad con un juicio por jurado. Quizás piensan que los jurados pueden desconfiar del sistema; quizás piensan que el juez estará endurecido por todos los casos que ha escuchado; en cualquier caso, elegirán un jurado.

Típicamente, un jurado en un caso penal consta de doce personas, aunque no siempre es así. Escucharán a los abogados mientras presentan la evidencia e interrogan a los testigos, y cuando ambas partes terminen, el juez les instruirá sobre lo que debe probarse para condenar a alguien por el delito o delitos involucrados. Cada elemento de una acusación debe probarse más allá de una duda razonable, lo cual es un estándar alto; el juez también instruirá a los jurados a basar su veredicto en la evidencia, no en cualquier simpatía o prejuicio que puedan tener. Si creen que el fiscal ha probado cada elemento de un cargo más allá de una duda razonable, deben emitir un veredicto de culpable; de lo contrario, deben emitir un veredicto de no culpable. Finalmente, en un caso penal, el veredicto del jurado, como grupo, debe ser unánime.

EL RESULTADO MÁS PROBABLE

Independientemente del nivel de los cargos que se persigan, es importante que sepas que al principio la defensa muy probablemente presentará una declaración de no culpable. Para la familia, puede sentirse como una bofetada en la cara escuchar al acusado presentar esa declaración por algo que sabes que hizo, pero ahí es donde típicamente comienza la defensa. Están tratando de preservar sus opciones, principalmente ponerse a sí mismos en la mejor posición para negociar un acuerdo de culpabilidad con el fiscal. Y el fiscal probablemente escuchará. Sus pruebas pueden no ser tan fuertes como les gustaría; incluso si lo son, cada vez que vas a juicio siempre existe la posibilidad de perder. Además, el sistema de enjuiciamiento del gobierno está simplemente abrumado. Si cada caso penal que se presenta fuera llevado a juicio, el sistema colapsaría bajo la carga de trabajo y los acusados saldrían libres porque sus casos no serían escuchados de manera oportuna.

Un acuerdo de culpabilidad es precisamente eso. El acusado acepta declararse culpable de un delito menor al que se le ha acusado, un cargo original que, por cierto, la familia a menudo ya encuentra insuficiente. El acusado también podría aceptar declararse culpable del delito original, con el fiscal acordando recomendar una sentencia más leve. Incluso si mató a alguien por imprudencia, eso puede significar que el acusado probablemente pasará muy poco tiempo, si es que alguno, en la cárcel. En cambio, podría pagar lo que el sistema judicial considera una multa sustancial —alrededor de $1,000 USD— y aceptar realizar servicio comunitario o someterse a monitoreo por parte de un oficial de libertad condicional.

Dependiendo de las circunstancias y el historial del acusado, algunos fiscales pueden decidir mantenerse con los cargos originales y no ofrecer ningún acuerdo de culpabilidad. Si esto es importante para ti y tu familia, entonces hay cosas que puedes hacer para ayudarte a participar activamente como víctima de un delito en el proceso de justicia penal. (Lo cubriremos en el Capítulo 3). Pero la mayoría de las veces, lo que vemos es que el fiscal ofrecerá algún incentivo para que la persona culpable acepte un acuerdo en lugar de llevar el caso penal a juicio. Ese incentivo puede ser declararse culpable de un cargo menor, o puede significar la proposición a que el juez imponga una sentencia más ligera por una declaración de culpabilidad al cargo original.

Tal resultado rara vez satisface a la familia. Pero, igualmente, es el resultado más probable de un caso penal.

EL PLAZO DE TIEMPO

Lo que suele tomar más tiempo en un caso penal que involucra una fatalidad o lesión catastrófica es la investigación de la policía o del fiscal: es decir, el tiempo desde que ocurre el evento hasta que se toma una decisión de proceder con cargos penales. Si estamos hablando de un accidente que solo involucra daño a la propiedad, la policía irá al lugar y realizará una investigación, luego emitirá una multa en las siguientes veinticuatro horas, si no en ese mismo momento. En un accidente que involucra una fatalidad, puede tomar meses.

Una vez que se presentan formalmente los cargos en el sistema de justicia penal, el acusado tiene derecho a un juicio rápido según la Constitución de los EE. UU. La Constitución no define específicamente lo que eso significa, por lo que varía un poco de estado a estado. Supongamos que son 180 días; eso sería típico. Si el fiscal no cumple con ese plazo, el acusado puede exigir que se retiren los cargos penales.

Una razón por la que pueden pasar meses antes de que se inicie un caso penal es porque el fiscal quiere estar seguro de que tiene todo en orden antes de presentar cargos en caso de que se apresuren a juicio. Pero en la mayoría de los casos, después de que se presentan formalmente los cargos, la defensa renuncia al derecho a un juicio rápido como táctica. Eso ralentiza el proceso, poniendo el caso en un calendario mucho más lento, o lista de casos. Puede tomar hasta un año antes de que tal caso sea escuchado en la corte.

Lo más frecuente es ver un plazo que va de cuatro meses a un año entre la presentación de cargos penales y la resolución final. Eso no incluye ningún tiempo en la cárcel que el acusado pueda enfrentar o una apelación. Las ruedas de la justicia en Estados Unidos giran, pero no necesariamente giran rápido.

LOS PASOS EN UN CASO PENAL

Hemos cubierto la mayoría de estos ya, pero pensé que sería útil enumerar los pasos de un caso penal en un solo lugar.

1. Se realiza un arresto o se emite una multa (o no).

2. El fiscal decide proceder con el caso (o no).

3. El acusado hace su primera aparición en la corte para una lectura formal de los cargos y presenta una declaración. Esto también se llama una "lectura de cargos"; la defensa a menudo renuncia a la aparición. Si no lo hacen, puede ser la primera oportunidad para que la familia vea a la persona que mató o lesionó a su ser querido.

4. El acusado solicita permanecer fuera de la cárcel o ser liberado a la espera del juicio (o no). El juez puede fijar una fianza, una suma que el acusado debe proporcionar como garantía de que se presentará al juicio, o puede permitir que el acusado permanezca libre a la espera del juicio sin ningún requisito de fianza.

5. El juez establece una fecha de juicio.

6. Comienza el período de descubrimiento. Aquí, la fiscalía está obligada a revelar todas sus pruebas al acusado, para que la defensa pueda prepararse.

7. Toman lugar las negociaciones de culpabilidad (o no). Como ya hemos discutido, la mayoría de los casos no terminan en juicio sino en un acuerdo de culpabilidad.

8. Se juzga el caso (o no).

9. El jurado llega a un veredicto.

10. Si el veredicto es culpable o se alcanza un acuerdo de culpabilidad, el juez establece una fecha para la sentencia. Aquí, la víctima —por la cual también me refiero a la familia— tiene derecho a hacer una declaración. También lo tiene el acusado.

11. El acusado va a la cárcel, paga una multa, realiza servicio comunitario o es asignado al departamento de libertad condicional para asegurar que se cumplan los términos de la sentencia.

REALIDADES DE LA RESTITUCIÓN

Cuando una persona se declara culpable o es encontrada culpable de un delito, el juez puede ordenar el pago de una restitución como parte del castigo. La restitución requiere que una persona condenada por un delito compense a la víctima por las pérdidas financieras reales que sufrió. Al hacerlo, el juez solo considerará las pérdidas financieras o gastos que fueron causados directamente por el delito. Y debes proporcionar documentación de la pérdida para que sea considerada. Puedes solicitar una restitución por cosas como gastos funerarios, médicos y de salud mental. También se pueden considerar salarios perdidos, viajes y cualquier otro gasto incurrido por la víctima y los miembros inmediatos de la familia si se presenta la documentación.

En general, la restitución es otro aspecto del sistema de justicia penal que a veces puede dejar a las familias frustradas. Un tribunal penal no requerirá que la persona culpable compense, a través de la restitución, por lo que se llaman pérdidas no económicas: el nombre formal de tu dolor, sufrimiento, pérdida del disfrute de la vida, angustia mental y otros daños emocionales.

El sistema de justicia civil sí puede hacerlo. (Cubriremos el sistema de justicia civil en la Parte 4).

Como cuestión práctica, la mayoría de los tribunales penales solo requerirán el pago de restitución por gastos que no estén ya cubiertos por un seguro. No siempre es completamente blanco o negro. He visto a un juez ordenar el pago de restitución por gastos funerarios y de entierro, aunque también podrían recuperarse a través de una póliza de seguro de entierro o funeral. Un miembro de la familia inmediata que viaja a la ciudad para el funeral puede tener una reclamación de restitución para recuperar sus gastos de viaje. Lo mismo ocurre con los salarios perdidos mientras está en el hospital, brindando apoyo a un miembro de la familia lesionado, o mientras está en casa, lamentando una muerte y sin poder trabajar. Y la restitución generalmente cubre deducibles y pagos de seguros. Pero, como regla general, si un gasto está cubierto por un seguro, es poco probable que lo recuperes a través de la restitución.

¿Por qué? El sistema de justicia penal no quiere servir como una agencia de cobro a largo plazo. Tampoco quiere permitir la doble recuperación: obtener la misma compensación *tanto* del sistema penal *como* de las compañías de seguros. Y no quiere crear condiciones en una sentencia que el acusado no podría cumplir. Considera un caso de conducción imprudente que resulta en muerte, por ejemplo. Si al acusado se le ordena pagar una restitución de $500,000 USD, pero no tiene activos suficientes para cubrirlo, estaría violando su sentencia y no podría salir jamás del sistema de justicia penal.

Entonces, típicamente lo que verás es una restitución en el orden de $5,000 USD a $15,000 USD, cantidades mucho menores de lo que la familia consideraría un castigo justo. Generalmente, es el fiscal quien es responsable de proporcionar al juez la cantidad de restitución adeudada a la víctima del delito basada en la documentación que la víctima proporciona. Asegúrate de hablar con la oficina del fiscal sobre la documentación necesaria para respaldar tu reclamación de restitución.

REALIDADES DEL ENJUICIAMIENTO

La mayoría de los fiscales están trabajando en ese puesto porque les importa enormemente la gente y quieren desempeñar un papel crítico en mantener seguras nuestras comunidades. Pero la realidad práctica también es que estas son oficinas gubernamentales que están subfinanciadas, sobrecargadas de trabajo y con poco personal. Eso significa que las personas a cargo de la oficina no tienen más opción que priorizar los casos que manejan. Un factor son las preocupaciones sociales; actualmente, los casos de violencia doméstica tienen una alta prioridad. La naturaleza humana también juega un papel. Cualquiera que invierta su tiempo y esfuerzo en el trabajo del juicio tiene un interés en ganar. Por lo tanto, priorizar implica también elegir ganadores.

¿Qué es más probable que se negocie con un acuerdo de culpabilidad? Delitos que son de baja prioridad y casos con pruebas más débiles. Otro factor que favorece los acuerdos de culpabilidad: casos en los que el acusado no tiene condenas previas.

REALIDADES DE LA SENTENCIA

Las realidades de la sentencia son similares a las realidades del enjuiciamiento: no podemos meter a todos en la cárcel, en parte porque nuestras prisiones ya están superpobladas y en parte porque no sería bueno para la sociedad. Como resultado, deben tomarse decisiones políticas sobre a quién vamos a encarcelar y por qué.

En el momento en que se inician los cargos formales, a menos que un caso involucre un acto intencional —conducir bajo la influencia del alcohol (DUI, por sus siglas en inglés), uso de drogas o huir de la escena de un accidente— la persona acusada de causar una lesión catastrófica o muerte generalmente es liberada inmediatamente bajo fianza o bajo su propia palabra de honor, lo que significa que o bien deposita algo de dinero o da su palabra de que se presentará al juicio. Por lo tanto, no pasan tiempo en la cárcel antes del juicio.

Una vez que alguien es condenado, el interés del gobierno puede seguir en alternativas al tiempo en la cárcel por las razones que he descrito. Para los delitos menores —nuevamente, esto significa la mayoría de los casos— con condena completa y cárceles vacías, el acusado aún pasaría solo un año o menos tras las rejas, generalmente en una cárcel del condado, un entorno menos restrictivo que una prisión estatal.

Supongamos que alguien es encarcelado con una sentencia de seis meses. Podrían salir en tan solo tres meses en algunas jurisdicciones debido al buen comportamiento; después de todo, el gobierno tiene interés en recompensar a los reclusos por no causar problemas mientras están allí.

Juntándolo todo, encontrarás que —a menos que estemos hablando de daño intencional o DUI— en la mayoría de los casos que involucran muerte o lesión catastrófica, hay muy poco tiempo dentro de la cárcel. Eso es particularmente aplicable para los primeros infractores.

DÓNDE DEJA ESTO A LAS FAMILIAS

Típicamente, el proceso de justicia penal deja a las familias que enfrentan las consecuencias de una lesión catastrófica o muerte sintiéndose muy frustradas y decepcionadas. La excepción son la mayoría de los casos que involucran DUI. Si estamos hablando de alguien con tres infracciones por DUI previos que mata a otra persona en un cuarto evento de este tipo, llevar ese caso a juicio será una alta prioridad para la oficina del fiscal. Pondrán a su abogado más calificado y duro en el caso e intentarán encarcelar al acusado por el tiempo que la ley lo permita. Pero, de nuevo, esa es la excepción. En casos de muerte y lesión traumática, la mayoría de las familias que miran las balanzas de la justicia al final del caso penal ven las enormes pérdidas que han sufrido en un lado y las mínimas consecuencias y castigos sufridos por la persona que causó todo eso en el otro. Y las balanzas están lejos de equilibrarse, lo cual, después de todo, es la metáfora básica de la justicia: la dama de la justicia, con los ojos vendados y soste-niendo una balanza equilibrada.

Como regla general, las familias quieren la máxima medida de justicia que el sistema puede proporcionar y una resolución rápida. Pero no es como la televisión; los casos a menudo duran un año, no una hora. Las familias pueden considerar que el cargo inicial no está a la altura de la pérdida que han sufrido. Pueden ver evidencia excluida del juicio. No importa cuán buenas sean las razones para un acuerdo de culpabilidad, pueden encontrar el resultado ofensivo debido a cómo diluye la naturaleza del delito en sí.

Comparto todo esto con la esperanza de prepararte para lo que puedes esperar, no para condenar al sistema. Recuerda, en el sis-tema de justicia penal el estándar para ganar una condena es una barrera alta —y está destinado a serlo. El sistema está construido sobre la creencia de que preferimos ver a una persona culpable libre que a una persona inocente condenada.

La buena noticia es que hay otras vías disponibles para las víctimas que van más allá del sistema de justicia penal y que pueden ayudar a las víctimas a obtener respuestas, retribución y justicia. (Lo cubriré en la Parte 4). Además, hay pasos proactivos que discutiremos en el Capítulo 3 que puedes tomar dentro del sistema de justicia penal que darán a tu familia una medida de control en ese proceso. Estos pasos ayudarán a asegurar que tu familia tenga un lugar en la mesa cuando se tomen decisiones importantes y que sean escuchados clara y fuertemente por el fiscal, el juez y la persona que causó todo el daño en primer lugar.

Mi bufete de abogados recientemente trabajó con una familia que había perdido a un ser querido en un accidente causado por un conductor mayor que solo tenía $150,000 USD en seguros y ningún activo recuperable más allá de eso. No esperamos a que el fiscal procediera como ellos consideraran apropiado. En cambio, le dijimos directamente al conductor culpable y a su abogado que solo consideraríamos aceptar el dinero limitado del seguro para resolver un posible caso civil si el conductor acordaba declararse culpable directamente del cargo original de conducción imprudente que resultó en muerte y no pedir ninguna indulgencia en el caso penal, aceptando en su lugar cualquier sentencia que el juez dictara. También insistimos en que el conductor acordara leer una carta de la familia de la víctima que contaba la historia de su ser querido perdido y el impacto que la muerte tuvo en la familia que quedó atrás. La familia quería que el conductor culpable se pusiera de pie en la sala del tribunal, admitiera la culpa y aceptara toda la responsabilidad por lo que había hecho. La familia de la víctima, que era muy religiosa, le dijo al conductor que querían perdonarlo, pero que eso tenía que comenzar con él aceptando su responsabilidad. El conductor accedió y respondió con una carta a la familia tan sentida que me hizo llorar cuando la leí.

Al afirmarse, la familia en este caso logró un resultado que llevará a todos los involucrados en un largo camino hacia la sanación.

Incluso si tus circunstancias no lo permiten o no es un camino que elijas, tienes derechos —y apoyo— dentro del proceso de justicia penal. Por eso tenemos las leyes de derechos de las víctimas, las cuales abordaremos a continuación.

CAPÍTULO 3

Derechos de las Víctimas

En las últimas décadas, se han promulgado leyes de derechos de las víctimas en casi todos los estados, y en muchos casos, ahora están incorporadas en las constituciones estatales, lo que les otorga aún mayor peso. Es un progreso significativo hacia el equilibrio entre los derechos de los acusados y los de quienes han sido victimizados, y en gran medida es el resultado de la defensa por parte de las propias víctimas. Entre los más notables se encuentran el Presidente Ronald Reagan, quien sobrevivió a un intento de asesinato en 1981, y la familia de Marsalee Nicholas, una estudiante universitaria asesinada por un exnovio en 1983.

Como presidente, Ronald Reagan era posiblemente la figura política más poderosa del mundo en el momento en que fue baleado, y sin embargo, en el sistema de justicia penal, descubrió que no tenía voz. Al proclamar la primera Semana Nacional de Víctimas de Delitos, Reagan dijo: "Necesitamos un énfasis renovado y una mayor sensibilidad hacia los derechos de las víctimas. Estos derechos deberían ser una preocupación central de quienes participan en el sistema de justicia penal, y es hora de que todos prestemos mayor atención". También creó un grupo de trabajo nacional que concluyó que el sistema estaba desequilibrado a favor de los acusados y en detrimento de las víctimas.

Muchas familias adoptaron la causa, y el gran avance llegó con la Ley Marsy, promulgada tras un referéndum en California en 2008. Estableció diecisiete derechos específicos para las víctimas bajo la ley de California, y la campaña para su aprobación evolucionó hacia la organización sin fines de lucro Ley Marsy dedicada a la promulgación y aplicación de leyes de derechos de las víctimas en todo el país. Como resultado de esta defensa, millones de personas en los Estados Unidos que han perdido seres queridos por muerte o han sufrido lesiones catastróficas ahora tienen protecciones específicas en el sistema de justicia penal que antes no tenían.

Entre los estados que han promulgado leyes de derechos de las víctimas se encuentra Florida, donde fue asesinada mi madre. Esa ley nos permitió presentar lo que se llama una "aparición" ante el tribunal que decía, en esencia, "Oye, estamos aquí, somos las víctimas y queremos aprovechar nuestros derechos constitucionales en este caso, comenzando por ser notificados de todos los procedimientos". Sin estas notificaciones, habríamos tenido que revisar repetidamente el sitio web del tribunal para obtener información básica sobre el caso penal, incluyendo el próximo procedimiento judicial, cuándo el conductor tendría que presentarse nuevamente ante el tribunal, cuándo podría tener lugar la lectura de cargos, cuándo podría comenzar el juicio, y así sucesivamente. Pero una vez que has presentado una aparición en el caso, recibes notificación de cada paso en el proceso a medida que se desarrolla al mismo tiempo que el acusado y su abogado. Eso es solo el comienzo de lo que las leyes de derechos de las víctimas proporcionan.

¿QUÉ DICE LA LEY EN TU ESTADO?

Para una lista de estados con leyes de derechos de las víctimas hasta 2021, así como información sobre cómo encontrar los detalles de los derechos que establecen, consulta el Apéndice 1. (Puedes encontrar la misma lista con enlaces a las leyes reales en mi sitio web, *KyleBachus.com*).

¿QUIÉN ES UNA VÍCTIMA?

La primera pregunta que aborda una ley de derechos de las víctimas es quién realmente califica como "víctima". Esta definición es consistente en la mayoría de los estados, y podrías sorprenderte al descubrir quién está y quién no está incluido en la definición.

En primer lugar, por supuesto, la persona contra quien se comete un acto es la víctima; si es menor de edad, entonces sus padres o tutores legales también son considerados víctimas.

Si la víctima ha fallecido, entonces los miembros de su familia inmediata son considerados víctimas ante la ley. Habiendo estado divorciada desde que era niño, mi madre no estaba casada cuando murió, pero mi padre aún está vivo. Tenía dos hermanas vivas y tres hijos vivos con un total de siete nietos.

Solo mi hermano, mi hermana y yo —sus hijos— calificamos legalmente como miembros de la familia inmediata.

Si una lesión catastrófica deja a la víctima mentalmente incapacitada, entonces la persona que han designado o que ha sido nombrada para actuar en su nombre también sería considerada víctima ante la ley. Más allá de ese representante, sin embargo, incluso los miembros de la familia inmediata pueden no estar incluidos.

A pesar de estas restricciones, mi consejo es que si sientes que eres una víctima, presenta una aparición ante el tribunal penal. Ponte en una posición para que se te otorguen los derechos bajo la ley de tu estado hasta que alguien diga, "Lo siento, pero no calificas". Y por supuesto, lee la ley en tu estado para ver si cumples los requerimientos; entender lo que la ley proporciona puede ser empoderador por sí mismo. En términos generales, las leyes de derechos de las víctimas cubren a la víctima misma, su designado o tutor legal, o los miembros de su familia inmediata sobrevivientes.

Al leer la ley de tu estado, a menudo encontrarás una lista de los delitos que cubre. Sin duda incluirá delitos mayores, los delitos más graves castigables con más de un año en la cárcel, y delitos menores, los menos graves castigables con un año de cárcel o menos. Y en la mayoría de los casos, cubrirá específicamente la conducción imprudente o irresponsable que resulte en lesiones corporales graves o muerte, como las circunstancias en las que murió mi madre.

LOS OBJETIVOS Y LÍMITES DE LOS DERECHOS DE LAS VÍCTIMAS

En términos generales, las leyes de derechos de las víctimas tienen cuatro objetivos prácticos principales. Están destinadas a asegurar que las víctimas de delitos tengan la oportunidad de ser y estar:

- Informadas
- Presentes

- Escuchadas

- Apoyadas

Estos derechos se aplican a lo largo de todo el proceso de justicia penal, desde el momento en que comienza la investigación del delito hasta el juicio y el proceso de libertad condicional y vigilancia destinado a guiar la vida de la persona responsable de tu pérdida.

Los límites de las leyes de derechos de las víctimas también son importantes de entender. *No* otorgan a las víctimas poder de decisión dentro del sistema de justicia penal. Por lo tanto, no tendrás control formal sobre cómo se investiga un caso, si se presentan cargos o no, qué cargos presentar, si negociar un acuerdo de culpabilidad, cómo se juzga un caso o qué sentencia se impone. Las decisiones serán tomadas por otros.

Estas limitaciones no suenan muy bien, lo sé. Pero las leyes de derechos de las víctimas sí garantizan que tendrás un lugar en la mesa si deseas expresarte y proporcionar información como víctima de un delito a la policía y a los fiscales que tienen el control; como he discutido en los Capítulos 1 y 2, eso importa. En términos generales, creo que todas las personas involucradas en el sistema de justicia penal están allí porque quieren ayudar a hacer justicia, desde el oficial de policía hasta el fiscal y el juez. Si damos a todos el beneficio de la duda, como deberíamos, entonces tu participación activa en el proceso tiene un potencial increíble para influir realmente en el resultado y eso es exactamente lo que hemos visto suceder con muchas de las víctimas que mi bufete de abogados ha tenido el privilegio de representar. Si estás presente y participas, puede impactar las decisiones que otros toman, y te dará una comprensión considerable de por qué se toman las decisiones y una mejor comprensión del proceso.

Las leyes de derechos de las víctimas también pueden proporcionar apoyo tangible en dos formas que cubriremos: un defensor de las víctimas para ayudarte a entender y navegar el proceso de justicia penal, así como fondos de compensación que pueden proporcionar una asistencia financiera significativa.

ENTENDIENDO TUS DERECHOS

Después de que hayan hecho su contacto inicial con la familia tras una muerte traumática, bajo la mayoría de las leyes de derechos de las víctimas, la policía está obligada a proporcionar a la víctima una copia escrita de sus derechos. Esto significa que cuando la policía llega en su patrulla con malas noticias, deberían darte tanto una tarjeta con su información de contacto —es como una tarjeta de presentación— y un folleto que describe tus derechos legales.

En la mayoría de los estados, el folleto debe informarte no solo de tus derechos sino también de cómo actuar sobre ellos. Contiene información sobre los servicios y recursos disponibles para ti, incluyendo el acceso al informe policial sin costo, la disponibilidad de beneficios de compensación para víctimas o la obtención de una orden de protección si tus circunstancias lo requieren. El folleto también debe informarte sobre el plazo dentro del cual la policía está obligada a devolver cualquier propiedad que hayan tomado durante su investigación.

¿NO RECIBISTE EL FOLLETO?

Si el oficial te dejó una tarjeta de presentación pero no el folleto, simplemente comunícate con el oficial investigador y solicita una copia: "¿Podría proporcionarme una copia escrita de mis derechos y recursos como víctima de un delito en nuestro estado?".

DERECHOS DE LAS VÍCTIMAS Y EL FISCAL

Como he discutido, las leyes de derechos de las víctimas no te dan control sobre las decisiones que toma el fiscal. Pero en la mayoría de los estados, gracias a las leyes de derechos de las víctimas, la víctima tiene derecho a ser informada de las decisiones que los fiscales toman en cada etapa crítica del proceso. Tal vez aún más importante, las víctimas también tienen garantizada la oportunidad de expresar sus deseos a medida que el caso se desarrolla.

La lista de pasos de los que serás notificado en la mayoría de los estados es extensa e incluye:

- Cuándo (o si) se abre un caso; cuáles serán los cargos.
- El nombre, dirección y número de teléfono del abogado responsable de enjuiciar el caso.
- El número de expediente interno del caso.
- El tribunal al que se asigna el caso.
- Si se ha emitido una orden de arresto.
- Si el fiscal determina que los cargos originalmente presentados por la policía son infundados, o elige reducirlos o decide perseguir algunos pero no todos.

- Si y cuándo el acusado será liberado de la cárcel o se reducirá su fianza.

- La oportunidad de proporcionar una declaración de impacto de la víctima por escrito al fiscal detallando cómo tu pérdida ha afectado a la familia, la cual probablemente será compartida con el juez, el acusado y su abogado.

- El tiempo y lugar de cada etapa crítica del proceso y si tienes derecho a estar presente y ser escuchado.

- La oportunidad de hablar con el fiscal antes de que un caso sea negociado y el derecho a ser informado de los términos.

- En algunos estados, la oportunidad de obtener una copia del informe previo a la sentencia, que detalla, entre otras cosas, el historial previo del acusado.

- La oportunidad de consultar con el fiscal después de una condena sobre lo que la familia desea que sea la sentencia, dentro del rango permitido por la ley.

- Cuándo y dónde ocurrirá la sentencia y tu derecho a ser escuchado antes de que esta se emita.

- La oportunidad de solicitar una audiencia sobre la cantidad apropiada de restitución, dadas las limitaciones discutidas en el Capítulo 2.

La mayoría de los fiscales están ansiosos por escuchar lo que quieren las víctimas; simpatizan contigo y quieren ayudarte a lograr justicia. Pero si la oficina del fiscal no se comunica contigo, tienes el poder de tomar la iniciativa llamando para solicitar una reunión. También tienes derecho a conocer la jerarquía de la oficina y pedir hablar con alguien de mayor rango.

Es una buena idea ser proactivo. La práctica en nuestra firma es enviar una carta formal a la oficina del fiscal en cada caso de lesión catastrófica o muerte que manejamos, documentando claramente el deseo de la familia de que la oficina del fiscal cumpla con sus obligaciones ante la ley de derechos de las víctimas. Te recomendaría que envíes dicha carta tú mismo o pidas a tu abogado que lo haga.

EJEMPLO: CARTA A LA OFICINA DEL FISCAL

Encontrarás una carta de ejemplo a la oficina del fiscal en el Apéndice 2.

Si decides asistir a los procedimientos penales, las leyes de derechos de las víctimas típicamente requieren que el fiscal te informe sobre tu derecho a ser transportado hacia y desde el tribunal y a recibir asistencia financiera por el trabajo perdido. También deben proporcionarte referencias para cuidado de niños, cuidado de ancianos o asistencia para discapacitados si lo necesitas para asegurar que estés disponible para testificar. Si tu empleador te da dificultades por faltar al trabajo para testificar, el fiscal tiene la potestad de comunicarse en tu nombre para asegurar que no enfrentes consecuencias por hacerlo.

DERECHOS DE LAS VÍCTIMAS Y EL JUEZ

Como víctima, tu involucramiento con el juez es mucho más limitado que con la policía y los fiscales. Nuevamente, el rol del juez es asegurar que el caso proceda de manera justa y constitucional y, en última instancia, determinar la restitución y sentenciar al acusado si es condenado. Son el árbitro. Pero como víctima, tienes derecho a dirigirte al tribunal durante la fase de sentencia del caso penal, a hablar en la corte abierta o a leer una carta al tribunal explicando cómo el delito ha impactado a tu familia y a decirle al tribunal los sentimientos de la familia respecto a una sentencia o castigo apropiado. La mayoría de los jueces desean escuchar a las víctimas como parte de su proceso de toma de decisiones. Podrías finalmente estar en desacuerdo con la decisión del juez, pero si ejerces este derecho, habrás sido escuchado y habrás hecho todo lo que está en tu control para obtener el mejor resultado para tu familia en el sistema de justicia penal.

Estar Presente

Es importante asegurarse de que el juez, a través del registro judicial, esté al tanto de que eres una víctima y que estás comprometido con el proceso y deseas ser informado. Esto es algo duplicado, por supuesto, porque el fiscal se supone que debe cumplir esa función. Pero ¿qué pasa si no lo hacen? Aquí es donde entra en juego la presentación del documento de entrada de aparición que discutí al inicio del capítulo. Estos pueden ser presentados por correo o, en estos días, electrónicamente. No es tan difícil. Necesitarás el número de caso y simplemente declararás que eres la víctima en el caso y que deseas ser informado de todos los procedimientos. Si hay una ley de derechos de las víctimas en tu estado, puedes hacer referencia a ella o simplemente adjuntar una copia; si no, mostrará que sabes lo que estás haciendo.

Presentar una aparición asegurará que recibas las mismas notificaciones al mismo tiempo que todos los demás involucrados en el caso. No es una cuestión de acceso; tenemos tribunales públicos abiertos y juicios públicos abiertos. Es una cuestión de saber cuándo estar allí y qué está en juego.

Ser Escuchado

En casi todos los estados, en ciertas etapas críticas el juez está obligado a preguntar si la víctima está presente y desea ser escuchada. Nuevamente, es mejor ser proactivo. Si asistes a los procedimientos judiciales penales, puedes acercarte al secretario en la sala del tribunal y notificarles que estás presente. Ellos informarán al juez. Cuando se llama el caso, puedes levantarte, y probablemente el juez entonces preguntará quién eres y si tienes algo que decir respecto al asunto en cuestión.

Comportarse con Respeto

Es muy importante ser respetuoso, sin importar cuánto te guste o no lo que está sucediendo. Eso puede no ser fácil. Puede ser una experiencia muy emocional entrar a una sala del tribunal, donde podrías encontrarte cara a cara con la persona responsable de tu pérdida. Puede mostrar remordimiento, o puede no hacerlo. Podría no gustarte lo que dice el abogado al defender a su cliente; puede ser muy doloroso. Pero el juez va a exigir una conducta apropiada de todos en la sala del tribunal, y habrá oficiales de policía presentes para mantener el orden. Nadie debería hablar fuera de turno. Cualquiera en una sala del tribunal, incluyendo a la víctima, puede ser considerado en desacato al tribunal por no escuchar las instrucciones del juez. La conclusión es que, como víctima, tienes derecho a desempeñar un papel en el proceso de justicia penal. No quieres poner en peligro estos derechos tan arduamente ganados para futuras víctimas, y no hay nada que impida que un juez ordene que te mantengan fuera de futuros procedimientos basándose en un comportamiento inapropiado o disruptivo.

DERECHOS DE LAS VÍCTIMAS DESPUÉS DE LA CONDENA

Como hemos discutido, la mayoría de los casos que involucran muerte traumática y lesiones catastróficas son delitos menores, con tiempo en la cárcel de no más de un año. Los casos que involucran delincuentes habituales o DUI pueden ser delitos mayores con penas más severas. En cualquier caso, una vez que una persona es sentenciada, las leyes de derechos de las víctimas en la mayoría de los estados te dan derecho a ser notificado de las acciones tomadas por el departamento de correcciones. Pero en muchos estados, hay una diferencia importante en esta etapa del proceso: como víctima, estás obligado a hacer una solicitud por escrito para aprovechar este derecho.

El proceso de notificación del sistema judicial debería decirte dónde está siendo encarcelada la persona, y necesitarás enviar tu solicitud allí. Al hacer eso, estableces el derecho a ser notificado si la persona es transferida, liberada o se escapa. Esto incluye ser notificado con antelación de cualquier transferencia a una casa de transición mientras se reintegra a la comunidad. También tienes derecho a ser notificado de cualquier audiencia de libertad condicional, lo que puede resultar en una liberación anticipada de la prisión. En muchos estados, tienes derecho a presentar una declaración de la víctima ante la junta de libertad condicional sobre tus deseos, y tienes derecho a ser informado de la decisión de la junta.

También es posible que la persona responsable de tu pérdida sea puesta en libertad condicional, ya sea sin cumplir tiempo en la cárcel o después de su liberación. Esto requiere que se sometan a monitoreo por parte de oficiales de libertad condicional para asegurar que cumplan con los términos de su sentencia; si no lo hacen, la libertad condicional puede ser revocada y serán enviados a la cárcel. Una vez más, el proceso del sistema judicial está obligado a informarte la ubicación y el número de teléfono del departamento de libertad condicional, y puedes hacer una solicitud similar para ser informado de los desarrollos en el caso a la agencia de libertad condicional. Una vez que hayas presentado esa solicitud, tienes derecho a ser informado de cualquier audiencia sobre un cambio o terminación anticipada de la libertad condicional, a ser escuchado antes de que se tome una decisión, y a ser notificado del resultado. También tienes derecho a ser informado si hay una transferencia de jurisdicción por cualquier motivo, y se te hará saber incluso si la persona no completa los términos de su libertad condicional porque ha fallecido.

EJEMPLO: CARTA A CORRECCIONES
Y LIBERTAD CONDICIONAL

Encontrarás una carta de ejemplo a un departamento de correcciones o al departamento de libertad condicional en el Apéndice 4.

SI EL ACUSADO ES UN MENOR

Supongamos que la persona responsable de tu pérdida era un menor según la ley, lo que típicamente significa que tiene menos de dieciocho años. La mayoría de tales casos se manejan de manera confidencial dentro del sistema de justicia juvenil, donde se proporcionan derechos de privacidad significativos para los menores involucrados. El acceso a la información es mucho más limitado que en los casos donde el infractor es un adulto. Pero las leyes de derechos de las víctimas generalmente no imponen limitaciones a los derechos que otorgan porque el acusado sea un menor. Mi consejo es avanzar ejerciendo tus derechos tal como lo harías si estuviera involucrado un adulto y ver con qué te enfrentas.

DEFENSORES DE LAS VÍCTIMAS

Debido a las leyes de derechos de las víctimas, ahora es común encontrar defensores de las víctimas empleados dentro del departamento de policía o de la oficina del fiscal. Estas son personas especiales. No están allí porque el salario sea alto; típicamente no lo es. Están allí porque tienen afinidad por ayudar a las víctimas. Muchos han sido víctimas de delitos ellos mismos o han tenido miembros de la familia que fueron víctimas. Esto se ha convertido en su vocación.

Su trabajo es ayudar a las víctimas a entender el proceso y apoyarlas a medida que el proceso se desarrolla. No están involucrados en la investigación o enjuiciamiento del caso; están allí para ti. Pueden guiarte a través de la ley de derechos de las víctimas de tu estado. Si estás presentando una aparición para asegurar que te mantengan informado, pueden acordar revisarla para ti. Pueden hacer referencias a los servicios que necesitas. Si te asusta la idea de ir al tribunal, pueden acompañarte. Incluso pueden ser la primera persona con la que te comuniques después de que el oficial de policía te notifique de tu pérdida.

Confía en estos defensores. ¡Están de tu lado!

PROGRAMAS ESTATALES DE COMPENSACIÓN PARA VÍCTIMAS DE DELITOS

Supongamos que eres el sostén de la familia y se supone que debes ir a trabajar al día siguiente o pasado mañana, pero no puedes porque algo terrible acaba de sucederle a tu familia. Tal vez tu empleador te dé tiempo libre, pero sin paga.

Casi todos los estados proporcionan a las víctimas de delitos acceso a lo que se llama un Fondo de Compensación para Víctimas de Delitos. Estos fondos están destinados a proporcionar asistencia financiera rápida a las víctimas de delitos y cubrir una amplia gama de gastos, incluyendo:

- Salarios perdidos
- Cuidado de niños
- Gastos de pasaje aéreo y hotel
- Gastos de alquiler de autos

- Gastos funerarios
- Servicios de consejería para el duelo

Estos son beneficios gubernamentales. Se financian cada vez que alguien paga una multa por exceso de velocidad o tráfico o una multa criminal como parte de la sentencia. Una parte de la multa que se recauda va al Fondo de Compensación para Víctimas de Delitos. El folleto de derechos de las víctimas disponible a través del departamento de policía o de la oficina del fiscal probablemente no detallará estos beneficios, pero debería darte información de contacto y posiblemente un sitio web que te permita contactar el programa del Fondo de Compensación para Víctimas de tu estado para obtener información sobre cómo solicitar estos beneficios.

En algunos casos, la asistencia está disponible de inmediato. Una de las cosas realmente útiles sobre estos beneficios es que el acceso a la asistencia financiera no depende de una condena en el caso penal, que, como hemos discutido, podría no llegar hasta un año después. Para activar los beneficios, la policía simplemente tiene que creer que hay causa probable de que se haya cometido un delito, y debes caer dentro de la definición de víctima de delito de tu estado.

Habrá un proceso de solicitud, y puede tomar desde un par de semanas hasta un mes o más antes de que realmente recibas el dinero. Pero las personas que dirigen el programa en tu estado pueden guiarte a través del proceso de solicitud y ponerte en contacto con los servicios de apoyo que necesitas de inmediato. El defensor de las víctimas que te asignen podrá ayudarte a acceder a estos beneficios. Muchas funerarias no le cobrarán nada a la familia siempre que haya una solicitud de beneficios de compensación para víctimas pendiente que busque el pago de los gastos funerarios.

Las leyes en muchos estados proporcionan un límite total de reembolso para todos los gastos que cubren. En Colorado, actualmente es de $30,000 USD.

SER PROACTIVO

La expansión de las leyes de derechos de las víctimas es una historia de esperanza, escrita a través de la defensa de otros que han soportado pérdidas como las tuyas. Como hemos discutido, no te colocan en la posición de controlar el proceso de justicia penal, pero sí aseguran que serás escuchado si eliges hacerlo y que tendrás acceso a beneficios y apoyos importantes si los necesitas. No estás obligado a aprovechar ninguno de estos derechos; es tu elección.

Un problema con las leyes de derechos de las víctimas es que no tienen un mecanismo de aplicación si los derechos que establecen no son respetados. Puedes caer en las grietas, y no hay una repetición del proceso si pierdes una oportunidad de ser escuchado o apoyado como resultado.

Por eso es importante tomar la iniciativa. Debes conocer tus derechos y debes actuar para ejercerlos. Espero que este capítulo te haya ayudado a entender por qué y cuáles beneficios obtendrás si lo haces.

Ahora hemos cubierto el lado de la justicia penal de una muerte traumática o una lesión catastrófica, desde el rol de la policía hasta el funcionamiento de un caso penal a medida que se desarrolla y los derechos que tienes como víctima. Pero hay mucho más en la turbulencia que enfrentarás en las repercusiones de tu pérdida, y viene a ti rápidamente, desde todas las direcciones. Pienso en estos como efectos colaterales, problemas cotidianos, y los abordaremos a continuación.

Si has experimentado la muerte repentina de un ser querido, las Partes 2 y 4 son más relevantes para ti. Puedes decidir saltarte la Parte 3. Si tu ser querido ha sufrido una lesión catastrófica, puedes decidir saltarte la Parte 2 y dirigirte directamente a las Partes 3 y 4.

PARTE II

Desafíos Prácticos para las Familias Después de una Muerte Traumática

Los gatos: April y Addie. Mi madre los apreciaba como compañeros. Y en la noche de su muerte, estaban solos en su casa, con hambre de cenar, preguntándose a dónde había ido y esperando que regresara.

De las docenas de desafíos prácticos y, a veces, difíciles que te bombardean en las secuelas de la muerte catastrófica de un ser querido, cuidar de sus mascotas es uno de los más inmediatos. Mi hermana condujo a la casa de mi madre a la mañana siguiente para atender las necesidades inmediatas de April y Addie, pero ni ella, ni mi hermano, ni yo pudimos acogerlos permanentemente en nuestro hogar. Sabíamos lo importante que habría sido para mi mamá mantenerlos juntos, pero eso es una gran carga para cualquiera. ¿Qué hacer?

Empezamos con Facebook. Menos de cuarenta y ocho horas después de que mamá fuera asesinada, mi esposa compartió una foto de los gatos y nuestro dilema en la cuenta de Facebook de mi mamá, y la hermana de mi mamá hizo lo mismo en la cuenta de Facebook de una vecina, todo con la esperanza de encontrarles un nuevo hogar a los gatos. Una de las personas que vio la publicación pensó en sus padres: profesores que se estaban jubilando de la Universidad de Stetson en Florida y hablaban de conseguir un gato. Estaban dispuestos. Llevamos a April y Addie a un veterinario para asegurarnos de que hubieran recibido sus vacunas y estuvieran en buen estado de salud, y los profesores condujeron una hora y media, ida y vuelta, para llevarlos a su nuevo hogar. Todavía nos envían mensajes de texto ocasionalmente con fotografías.

No podríamos haber encontrado una mejor resolución para ese desafío, pero como he dicho, fue solo uno de los docenas de problemas prácticos que enfrentamos tras la muerte de mi madre, y muchos de ellos nos afectaron de inmediato. Estábamos atónitos. Se sentía abrumador; supongo que es una sensación que reconoces.

El conocimiento es poder, y es fundamental para recuperar cierto sentido de control.

En esta sección del libro, recorreré algunos de los desafíos que podrías enfrentar con la esperanza de hacerlos más manejables. Comenzaremos con capítulos dedicados a los problemas que rodean la muerte traumática de un ser querido, algunos de los cuales también se aplicarán en casos de lesiones catastróficas, y luego abordaré los problemas específicos de las lesiones catastróficas por sí solos.

CAPÍTULO 4

Los Restos

Este es un tema difícil, y si ha pasado mucho tiempo desde la muerte de tu ser querido, puede que ya no sea relevante, pero necesitamos hablar sobre el cuerpo.

Si la persona que murió fue asesinada instantáneamente y por lo tanto no fue trasladada para recibir atención médica, su cuerpo generalmente se lleva directamente a la oficina del médico forense. Si murieron en el hospital, su cuerpo generalmente va a la oficina del médico forense después.

SOBRE EL MÉDICO FORENSE

El médico forense es un funcionario público responsable de identificar la causa de la muerte. Generalmente son designados y siempre son médicos, usualmente especialistas en patología forense. Los médicos forenses realizan autopsias, examinan lesiones y recopilan y analizan muestras de sangre y tejidos.

Dependiendo de las circunstancias, la oficina del médico forense puede pedirte que identifiques los restos de tu ser querido. Para algunas familias, es un paso importante hacia el cierre, completando la historia de su ser querido, en cierto sentido, y haciendo que su muerte sea real. (Y, por supuesto, la oportunidad de identificar el cuerpo también puede surgir en la funeraria o el crematorio).

En nuestro caso, el accidente que mató a mi madre la dejó irreconocible. No sé si hubiera tenido el coraje de ver a mi mamá, pero mi hermano, que es médico, ciertamente sí lo haría. Sin esa oportunidad, es como si nos faltara algo importante en la historia de su vida.

Nos pidieron que identificáramos a mi mamá mediante fotografías que la oficina del médico forense tomó desde su teléfono móvil, su licencia de conducir y las joyas ensangrentadas que llevaba puestas. Las reconocimos todas. Luego, nos pidieron que firmáramos una declaración jurada —una declaración estatal jurada— identificándola basándonos en la evidencia circunstancial que habíamos visto.

Autopsias

Si la causa de la muerte no está clara de inmediato, el médico forense puede realizar una autopsia para determinarla. No sucede en todos los casos. Si el médico forense lo considera necesario, no hay costo para la familia; es un gasto público, pagado por los contribuyentes.

Puede haber casos en los que el médico forense no considere necesaria una autopsia, pero la familia sí la desee. Tienes derecho a solicitarla, pero debes hacerlo rápidamente. Las autopsias son mejores si se realizan dentro de las veinticuatro horas posteriores a la muerte e, idealmente, antes del embalsamamiento, lo que obviamente puede interferir con las pruebas de sangre. Pero las autopsias realizadas más tarde e incluso en cuerpos exhumados aún pueden proporcionar información vital, dependiendo de las circunstancias.

Una vez manejé un caso en el que un hombre de treinta años sufrió la fractura grave de una pierna en un choque. Se sometió a una cirugía en un hospital y murió debido a un coágulo de sangre en su tercer día allí. La familia cremó el cuerpo, asumiendo que se había hecho una autopsia. No fue así. Se quedaron preguntándose: "¿Qué pasó? Nos despedimos una noche, y al día siguiente, él está muerto?".

Instancias como esta no ocurren muy a menudo. Pero si tienes alguna duda en tu mente sobre lo que causó la muerte de tu ser querido, puedes solicitar que se realice una autopsia incluso si el médico forense no lo considera necesario. El costo de una autopsia privada no está cubierto por Medicare, Medicaid o seguros de salud privados, pero algunos hospitales cubrirán el costo de una autopsia si la familia lo solicita para un paciente que murió en su hospital. De lo contrario, probablemente tendrás que pagar de tu propio bolsillo por una autopsia privada.

Si por alguna razón la oficina local del médico forense no tiene la capacidad, puedes llamar a otras oficinas de médicos forenses en tu área y preguntar si estarían disponibles para realizar una autopsia privada. La Asociación Nacional de Médicos Forenses (www.thename.org) mantiene una lista de recursos para ayudar a encontrar proveedores de autopsias privadas. También puedes localizar un patólogo forense certificado haciendo una búsqueda en Google de "Autopsia Privada" y agregando el nombre de tu ciudad a la búsqueda. Asegúrate de preguntar con anticipación cuál sería el costo. El costo promedio actual para una autopsia privada es entre $2,000 USD y $3,000 USD.

Las autopsias generalmente toman entre dos y cuatro horas para realizarse, pero los resultados completos pueden tardar entre cuatro y seis semanas en prepararse.

Aquí hay otra cosa importante para recordar: una vez que un cuerpo es cremado, pierdes la oportunidad de realizar una autopsia.

Recuerdos

Aquí hay una cosa más con consecuencias a largo plazo que solo se puede lograr mientras el cuerpo está disponible: recuerdos. Estos pueden ser significativos para los seres queridos durante años. La funeraria o el crematorio pueden plantear el tema, pero si no lo hacen, tal vez ni siquiera pienses en preguntar. Y hay cosas que es posible hacer.

Puedo decirte que preservar un recuerdo ayudó a mi familia. Tomamos la huella digital de mi madre antes de su cremación y hicimos que la imagen estuviera disponible para los miembros de la familia en colgantes. Terminamos obteniendo cuatro o cinco. No se pidió a nadie que los usara, ni se esperaba que lo hicieran, pero fueron un recuerdo.

Mis hijos pidieron uno, y no creo que todavía estén listos para mirarlo. Pero pueden hacerlo. Está ahí cuando lo necesiten.

Mi hija, que es un poco mayor, lleva el suyo todos los días, en un colgante que cuelga alrededor de su cuello. Es tan importante para ella.

Lo que es importante que sepas es que preservar un recuerdo como este es posible, y que la oportunidad de hacerlo solo dura mientras el cuerpo está presente y disponible. En algunos estados, el Fondo de Compensación para Víctimas (ver Capítulo 3) incluso cubrirá el costo.

PAGAR POR EL FUNERAL

Una vez que el cuerpo de tu ser querido se transfiere a una funeraria, uno de los próximos problemas que enfrentarás es quién va a pagar por ello. Las funerarias no trabajan gratis, y la decisión debe tomarse rápidamente.

Primero, es importante saber que estos son, en última instancia, gastos del patrimonio. Eso significa que si hay dinero en el patrimonio, puede usarse para reembolsar a la persona que pagó los gastos funerarios.

Y como discutimos en el Capítulo 3, los Fondos de Compensación para Víctimas también cubren los gastos funerarios. En la mayoría de los casos, la funeraria estará al tanto de estos fondos y estará dispuesta a ayudarte a acceder a ese dinero. También lo hará el defensor de las víctimas que esté trabajando contigo.

Aquí hay un beneficio que tu familia puede no conocer: si tu ser querido alguna vez sirvió en el ejército de EE. UU., el ejército pagará por el funeral y el entierro o cremación. Puedes elegir uno de los 142 cementerios militares en todo el país, y el ejército pagará tanto el funeral como el entierro allí.

También es posible que tu ser querido haya comprado un seguro para cubrir sus gastos funerarios. Recuerdo que mi madre dijo algo sobre hacer precisamente eso, y mientras revisábamos sus papeles, lo encontramos en forma de una póliza de seguro de vida de $5,000 USD. Mi madre había listado a los tres hijos como beneficiarios. Ya habíamos cubierto sus costos funerarios para entonces, pero simplemente presentamos una reclamación y proporcionamos una copia de su certificado de defunción para recibir el dinero, que llegó en las porciones correspondientes a cada uno de nosotros en tres cheques. Puedes encontrar que la persona listada como beneficiario de una póliza funeraria no es quien realmente pagó el funeral; en ese caso, tendrás que resolverlo. Si el beneficiario elige hacer lo correcto con el dinero es su decisión y de nadie más.

ORGANIZAR UN FUNERAL MILITAR

La Administración de Cementerios Nacionales, parte del Departamento de Asuntos de Veteranos de EE. UU., es responsable de manejar estos entierros. Puedes encontrar la información que necesitarás en su sitio web: www.cem.va.gov/burial_benefits/index.asp.

Ingresar "información de entierro en cementerio nacional" en una búsqueda de Google también te llevará allí. También puedes pedir ayuda a tu defensor de víctimas.

Una cosa a tener en cuenta: tendrás que proporcionar prueba del servicio militar de tu ser querido.

Finalmente, si la muerte de tu ser querido involucró un accidente automovilístico, muchas pólizas de seguro de vehículos también proporcionan un beneficio funerario que puede aplicarse, ya sea que estuvieran en su propio automóvil o no. Eso significa que incluso si estaban caminando o montando una bicicleta y fueron atropellados por un auto, sus gastos funerarios podrían estar cubiertos, típicamente hasta un límite de $5,000 USD ó $10,000 USD.

Si todo lo demás falla, la mayoría de las funerarias ofrecerán crédito. Podrías pagar con una tarjeta de crédito o arreglar un esquema de pagos.

CAPÍTULO 5

Su Vida en Línea

Mi madre era la historiadora fotográfica no oficial de nuestra familia. Para cuando murió, había creado o estaba trabajando en hasta 500 libros de Shutterfly que documentaban nuestras vidas juntos a lo largo de los años. Algunos los había impreso y compartido, pero muchos existían solo en la plataforma de Shutterfly. Son una dimensión apreciada de su papel en la vida de nuestra familia. Y si no hubiéramos podido acceder a su cuenta, todo ese trabajo se habría perdido.

Ese es solo un ejemplo de un desafío moderno: la importancia de acceder a la vida en línea de tu ser querido, y particularmente a sus cuentas de redes sociales, donde gran parte de nuestras vidas se centra hoy en día. Eso requiere conocer sus contraseñas.

PRIMEROS PASOS

En el momento de la muerte de tu ser querido, es probable que estuvieran conectados a varias cuentas en su teléfono o computadora. **¡No cierres sesión en esas cuentas ni apagues sus dispositivos!** Normalmente, sus contraseñas están guardadas en cada una de estas cuentas. Idealmente, deberías encontrarlas y restablecerlas.

Puede parecerte extraño, como si estuvieras invadiendo la privacidad de tu ser querido, especialmente en las secuelas inmediatas de su muerte. Pero es un problema real, y es importante.

Después de que mamá fue asesinada, mi esposa fue a su casa y descubrió que la laptop aún estaba encendida con varias pestañas abiertas: cosas en las que mi mamá aparentemente estaba trabajando más temprano ese día. Shutterfly estaba abierta porque estaba trabajando en un álbum. Mi esposa pudo solicitar un restablecimiento de contraseña en la cuenta de Shutterfly, que fue enviada a su cuenta de Gmail. Su Gmail también estaba abierto, lo que nos dio acceso a su correo electrónico, y restablecimos su contraseña para asegurarnos de no perderla.

Y, por supuesto, tener acceso a las cuentas en línea de tu ser querido significa que también puedes cerrarlas y eliminarlas cuando llegue el momento. Como veremos, sin su contraseña, eso puede ser difícil en el mejor de los casos.

REDES SOCIALES

Si tienes la información de la cuenta de tu ser querido, eliminar su página de Facebook, por ejemplo, es tan simple como iniciar sesión. Facebook e Instagram están entre las plataformas de redes sociales que también te permiten memorializar una cuenta. Eso asegura que las fotos que tu ser querido compartió se preserven y que sus amigos aún puedan publicar recuerdos en su página. Pero nadie podrá iniciar sesión en la cuenta, y no aparecerá en búsquedas públicas.

Estas políticas pueden cambiar con el tiempo, por supuesto, y otras plataformas de redes sociales tienen prácticas diferentes. Como regla general, no distribuirán contraseñas a otros, sin importar la relación o las circunstancias. Eso significa que sin una contraseña, no puedes acceder a la cuenta de tu ser querido, punto. Sin excepciones. Dicho esto, algunas plataformas eliminarán una cuenta si proporcionas documentación de la muerte de tu ser querido. Pero otras no tienen tal política; a menos que encuentres la contraseña, la cuenta seguirá existiendo.

Algunas plataformas permiten que el titular de la cuenta designe a otra persona para que tenga acceso a esta si no ha sido usada en 180 días, o algún período similar. En tal caso, la persona designada recibiría un correo electrónico otorgándole acceso a la cuenta en ese momento.

POLÍTICAS DE REDES SOCIALES DESPUÉS DE UNA MUERTE

Encontrarás descripciones de cómo las principales plataformas de redes sociales manejan las cuentas después de una muerte en el Apéndice 5. (Puedes encontrar la misma lista con enlaces a las políticas de las principales plataformas en mi sitio web, *KyleBachus.com*).

CUENTAS DE CORREO ELECTRÓNICO

Tener acceso a la información que fluye en la cuenta o cuentas de correo electrónico de tu ser querido puede ser invaluable, por muy incómodo que te sientas. Notificaciones de facturación automática. Instrucciones de restablecimiento de contraseña.

Recordatorios de suscripción. Información de contacto de sus amigos o parientes lejanos. Cuando te detienes a pensarlo, es notable cuánto dependemos de los servicios digitales para gestionar nuestras vidas, expresarnos y conectarnos con otros. Adentrarse en el mundo en línea que tu ser querido creó, aunque solo sea para cerrarlo, se ha convertido en un componente crítico para recuperar cierto sentido de control en las secuelas de su muerte.

CAPÍTULO 6

El Patrimonio

Cuando un ser querido muere de manera inesperada, la cuestión de quién tiene derecho a sus pertenencias —o, dicho de otra manera, cómo quería que se distribuyeran sus pertenencias— puede surgir casi de inmediato. Tener una respuesta puede prevenir problemas familiares que estallarían en un momento en que todos ya están profundamente estresados.

La respuesta corta es que, si tu ser querido dejó un testamento, esto dicta quién recibe qué, desde sus bienes raíces hasta su propiedad personal; desde la ropa colgando en su armario hasta sus animales. Si no lo hicieron, la ley estatal dicta cómo se distribuyen sus pertenencias.

Mi madre no tenía un testamento; si lo hubiera tenido, podría haber hecho sus propios arreglos y determinado a dónde iban sus gatos. Incluso podría haber reservado dinero para cubrir los costos de su comida y atención médica durante el resto de sus vidas. Si lo hubiera hecho, no habría importado a dónde quisiéramos llevarlos mi hermana, mi hermano o yo, o bajo qué términos. Como no lo hizo, las mascotas eran legalmente nuestra responsabilidad.

> ### TÉRMINOS PARA CONOCER
>
> Las pertenencias que tu ser querido deja atrás se denominan en el sistema legal como su "patrimonio". La disposición del patrimonio de tu ser querido puede ser manejada en el "tribunal de sucesiones", presidido por un "juez de sucesiones" que aprueba cómo se debe distribuir el patrimonio y cómo se deben pagar las deudas. Puedes contratar a un "abogado de sucesiones" para ayudarte a navegar el proceso.

DÓNDE BUSCAR

El primer paso para manejar el patrimonio de tu ser querido es determinar si dejaron un testamento. En el caso de mi madre, no estábamos seguros. Entonces, ¿dónde buscar?

Podrías encontrar el testamento de tu ser querido en un archivo o carpeta entre sus pertenencias. Comienza allí.

Si conoces o puedes encontrar el nombre de su abogado, contáctalo. Si el abogado ve el aviso de defunción de tu ser querido, también podría comunicarse contigo.

Si tu ser querido tenía un abogado, podría haber presentado su testamento en el tribunal de sucesiones del condado; un individuo también puede hacerlo. Así que, verifica si hay un testamento archivado. Una vez que está archivado en el tribunal de sucesiones, se convierte en un documento público.

QUÉ HACE VÁLIDO UN TESTAMENTO

En todos los lugares que conozco, un testamento debe estar firmado por dos testigos y un notario público para ser válido. Los testigos no pueden ser personas que se beneficien de las disposiciones del testamento, de ninguna manera. Si no se cumple alguna de esas condiciones, el testamento no es técnicamente válido.

Dicho esto, podrías encontrar que tu ser querido ha escrito un testamento pero no lo ha firmado ni lo ha notariado. Parece un testamento y huele a testamento, pero ¿es un testamento? En muchos estados, sí. Los abogados llaman a estos "testamentos hológrafos". Un juez de sucesiones puede llevar a cabo una audiencia para determinar si tal testamento realmente representa los deseos de tu ser querido, basándose en factores como lo que pudo haber dicho a otros.

Una segunda complicación: tu ser querido podría haber escrito más de un testamento a lo largo de los años. La vida cambia; tus activos y tus deseos también pueden hacerlo. Si existen múltiples testamentos, es el más reciente el que cuenta.

CUANDO NO HAY TESTAMENTO

Si tu ser querido no deja un testamento, o si no puedes encontrar uno, entonces en términos legales se dice que murieron "intestados". Cada estado tiene su propia ley para manejar estas situaciones, y todas son diferentes. Estas leyes dictan cómo se deben distribuir los activos de alguien que no dejó un testamento. Son largas pero generalmente fáciles de leer.

Aunque estas leyes difieren por estado, comparten importantes similitudes. En términos generales, primero consideran si hay un cónyuge sobreviviente, y luego si hay hijos sobrevivientes. Si un cónyuge o hijos siguen vivos, la ley puede dictar partes variables; en Colorado, los primeros $100,000 USD del patrimonio van al cónyuge, y si queda algo después de eso, el 50 por ciento va al cónyuge y el resto se divide entre los hijos.

Si no hay cónyuge o hijos sobrevivientes, entonces generalmente los padres son los siguientes en la línea. A partir de ahí, las leyes de diferentes estados van en direcciones distintas.

Al igual que con un testamento, hay algunos activos —notablemente el seguro de vida y las cuentas de jubilación— que quedan fuera de la ley de sucesión intestada. Se distribuyen a los beneficiarios que tu ser querido nombró.

Mi mamá y mi papá estaban divorciados cuando éramos niños. La ley de sucesión intestada de Florida dice que si mueres sin cónyuge y tienes hijos, incluso hijos adultos, todas tus pertenencias se dividen equitativamente entre los hijos. La palabra "equitativamente" puede estar abierta a interpretación —esa es una desventaja de no dejar un testamento— y es el juez de sucesiones quien puede resolver cualquier disputa sobre lo que eso significa si no pueden acordarlo entre las partes.

LA LEY DE SUCESIÓN INTESTADA DE TU ESTADO

Encontrarás una lista de leyes estatales sobre sucesión intestada en el Apéndice 6. (Puedes encontrar la misma lista con enlaces a las leyes reales en mi sitio web, *KyleBachus.com*).

TRIBUNAL DE SUCESIONES

Solo ver la palabra "sucesión" puede ponerte nervioso por sus connotaciones comunes: un proceso caro, que consume tiempo y consiste en un gran asunto. Eso no necesariamente es el caso. Ciertamente hay patrimonios complejos que plantean cuestiones complicadas, incluso contenciosas, que requieren un largo proceso de sucesión. Pero la sucesión es un proceso legal muy común y, en la mayoría de los casos, sencillo y a menudo un paso necesario para transferir los activos que alguien deja a sus beneficiarios.

Si tu ser querido poseía bienes raíces —los abogados los llaman *bienes inmuebles*— entonces un juez de sucesiones debe aprobar cualquier transferencia de la propiedad. Si no hay bienes raíces pero los activos superan una cierta cantidad —varía por estado; en algunos es $100,000 USD y en otros, menos— entonces también tendrás que presentarte ante un juez de sucesiones.

Si hay alguna razón dentro de la dinámica familiar que haga importante tener un árbitro independiente, vale la pena optar por ir al tribunal de sucesiones. Si alguno de los herederos del patrimonio es menor de edad, es crítico pasar por el proceso del tribunal de sucesiones para asegurar que sus activos estén protegidos. Esto se debe a que los menores son considerados incapacitados bajo la ley: no legalmente listos para tomar y asumir la responsabilidad de sus propias decisiones. Si los menores son los únicos herederos, no puedo imaginar una circunstancia en la que sería apropiado que los adultos de la familia lo hicieran solos.

Una razón por la que digo todo esto es proteger a los adultos. Si no pasas por el proceso judicial y emerges con una determinación formal de un juez sobre cómo se deben manejar los activos y las deudas de tu ser querido, es técnicamente posible que un menor alcance la edad de dieciocho años, dé la vuelta y demande a los adultos que tomaron o gastaron dinero del patrimonio, transfirieron sus activos o vendieron pertenencias por las consecuencias de sus decisiones. ¿Suena descabellado? Supongamos que los abuelos cuidaron de los niños y gastaron $10,000 USD en una piscina para que ellos la disfrutaran. Cualquiera de ellos podría alcanzar dieciocho años y demandar, diciendo que ese era su dinero para la universidad.

Al igual que en el sistema de justicia penal, el juez de sucesiones juega el rol del árbitro. Es su responsabilidad asegurar que los activos se distribuyan según lo exige la ley y que cualquier deuda se pague. Los tribunales de sucesiones están ocupados y puede tomar hasta un año completar el proceso.

Una decisión que enfrentarás es si contratar a un abogado de sucesiones para ayudarte a navegar el sistema. Si tu ser querido tenía muy pocos activos, puede que no necesites ayuda. Si el patrimonio es grande, la dinámica familiar es compleja o hay bienes raíces involucrados, probablemente sí la necesites.

En cualquier caso, es importante saber que el costo de contratar a un abogado y pasar por la sucesión típicamente es modesto —más en la escala de unos pocos miles de dólares que en la de decenas de miles.

Patrimonios Pequeños

Los estados han reconocido que el proceso completo de sucesión no siempre es necesario. Si tu ser querido no poseía bienes raíces y tenía relativamente pocos activos —de nuevo, varía por estado; en Colorado es $70,000 USD o menos— generalmente puedes evitar el tribunal de sucesiones presentando lo que se llama una "afidávit de patrimonio pequeño". Es un documento simple, a menudo un formulario, y si estás en línea según la ley para recibir algunos de los activos, puedes firmar el formulario y notariarlo. Eso te permitirá acceder a cuentas bancarias, vender vehículos, disponer de cualquier otra propiedad y luego distribuir los activos según lo dicta la ley de sucesión intestada de tu estado. Tienes una obligación legal —se llama "deber fiduciario"— de actuar en el mejor interés de todos los involucrados.

Incluso en estos casos, puede ser útil involucrar a un abogado de sucesiones, solo para asegurarte de que estás en el camino correcto según la ley. Si no lo haces, podrías enfrentar responsabilidades o sentimientos negativos en el futuro.

EJEMPLO: DECLARACIÓN JURADA DE PATRIMONIO PEQUEÑO

Encontrarás un afidávit o declaración jurada de patrimonio pequeño de ejemplo en el Apéndice 7.

¿QUIÉN ESTÁ A CARGO?

Si tu ser querido dejó un testamento, típicamente nombra a un albacea responsable de asegurar que sus deseos sean respetados en la transferencia de sus bienes raíces y pertenencias. Si estás pasando por el sistema de sucesiones, el juez emitirá una "carta de administración" al albacea, autorizándolo a manejar las deudas y los activos del patrimonio.

Si no hay un testamento, la ley de sucesión intestada del estado dictará quién está a cargo, y nuevamente, el juez de sucesiones emitirá a esa persona una carta de administración autorizándolo a llevar a cabo sus responsabilidades.

Si es un patrimonio pequeño sin testamento, la persona que firma el afidávit de patrimonio pequeño está efectivamente a cargo.

QUÉ ESTÁ FUERA DEL TESTAMENTO

Muchos activos no están controlados por un testamento. En su lugar, están controlados por los beneficiarios que tu ser querido designó al comprar la póliza o crear la cuenta. Los más significativos son típicamente el seguro de vida, las cuentas bancarias y las cuentas de jubilación, como un 401(k).

El beneficio de lo anterior es que estos activos no tienen que pasar por el tribunal de sucesiones. Generalmente están disponibles para los beneficiarios —puede haber más de uno— mucho más rápidamente como resultado.

Seguro de Vida

Todo el propósito de una póliza de seguro de vida es apoyar a aquellos que dejas atrás. No se pueden comprar sin designar uno o más beneficiarios. Al igual que con un testamento, localizar la póliza de seguro de vida de tu ser querido puede ser un desafío. Comienza revisando sus archivos. Si eso no arroja nada, puedes verificar su cuenta bancaria en busca de evidencia de pagos de primas que haya hecho. También es posible que la compañía de seguros de vida te contacte —monitorizan los certificados de defunción—, pero no puedes contar con eso. Es mejor ser proactivo.

Muchos empleadores también proporcionan seguro de vida entre sus beneficios. Las cantidades son típicamente modestas —$25,000 USD ó $50,000 USD— o pueden proporcionar el ingreso de un año. Nuevamente, sé proactivo. Contacta a empleadores anteriores para ver si alguna cobertura aún está en vigor o, si estaban entre trabajos, si estaban en un plan COBRA.

Una vez que hayas confirmado la existencia de una póliza, comunícate con el departamento de reclamaciones de la compañía de seguros para reportar tu pérdida. Generalmente, si proporcionas un certificado de defunción, les proporcionarán a los parientes cercanos una copia de la solicitud de seguro de vida de tu ser querido. Ahí es donde se designan los beneficiarios de la póliza.

Al igual que con un testamento, las designaciones de beneficiarios de seguro de vida no están sujetas a debate —lo que puede llevar a sus propias complicaciones. Conozco un caso en el que un esposo cambió el beneficiario de su seguro de vida después de su divorcio de su ahora exesposa a su hermano. Su intención era apoyar a sus dos hijos, ahora viviendo con su exesposa; como eran menores, no estaba seguro de cómo hacerlo. Podría haber nombrado a los niños como beneficiarios, y habría estado bien, pero no lo hizo, y su intención no importó. Después de que murió en un accidente automovilístico, los beneficios de su seguro de vida fueron al hermano —quien no tenía ninguna obligación de compartir el dinero. Su exesposa podría contratar a un abogado de sucesiones y pelearlo en la corte, pero sería prolongado y desordenado.

No tienes que presentar una reclamación para una póliza de seguro de vida dentro de un marco de tiempo específico. Pero cuando lo haces, los beneficios generalmente se pagan rápidamente. Eso se debe a que se deben a partir de la fecha de la muerte. De hecho, los beneficios por defunción del seguro de vida generalmente crecerán con intereses hasta que se presente la reclamación o hasta que la compañía de seguros de vida pueda localizar al beneficiario para hacer el pago, por lo que tienen todo el incentivo para pagar rápidamente. Eso sería cierto incluso si no encuentras la póliza durante seis meses; en tal caso, la compañía de seguros te debería intereses sobre ese tiempo además del beneficio que te corresponde. En general, los beneficios por defunción del seguro de vida que recibes como beneficiario debido a la muerte de la persona asegurada no son gravables ni se incluyen en los ingresos brutos y, por lo tanto, no tienen que ser reportados en tu declaración de impuestos.

Cuentas Bancarias

Una cuenta bancaria conjunta pasará a la otra persona cuyo nombre está en ella, independientemente de lo que diga un testamento. Lo mismo ocurre con las cuentas bancarias individuales con derechos de supervivencia, en las que la persona que abrió la cuenta designó a quién debe pasar en caso de su muerte.

Las cuentas bancarias individuales sin derechos de supervivencia pasan a formar parte del patrimonio.

Cuentas de Jubilación

Al abrir una cuenta 401(k), Roth u otra forma de cuenta de jubilación, muchas personas designan a su cónyuge como el beneficiario principal. Cuando mueren, el control sobre la cuenta se traspasa automáticamente. También pueden designar beneficiarios secundarios o contingentes; a menudo, son los hijos. En tal caso, si el cónyuge también ha fallecido, la cuenta de jubilación pasa a los hijos según los porcentajes que la persona que creó la cuenta estableció.

Si la persona que creó la cuenta no nombró beneficiarios, entonces pasa a formar parte del patrimonio.

Otras Excepciones

Los beneficios de pensión, el seguro de discapacidad y las anualidades típicamente implican beneficiarios designados. Cubriré todos estos más detalladamente en el Capítulo 9, pero en este contexto, lo que importa es que, si hay un beneficiario, también quedan fuera del testamento.

FIDEICOMISOS

Es posible que tu ser querido haya establecido un fideicomiso y transferido los activos que normalmente estarían cubiertos en un testamento allí. Un fideicomiso es una forma de planificación patrimonial que permite a la persona o personas que designan —sus fideicomisarios— transferir sus activos sin pasar por el tribunal de sucesiones, independientemente del tamaño del patrimonio o si hay bienes raíces involucrados.

Si tu ser querido tenía un fideicomiso, primero, probablemente ya lo sepas, y segundo, te han dado el regalo de un proceso más simple y directo tras su muerte.

Al igual que con un testamento, en caso de su muerte, querrás localizar una copia del documento del fideicomiso. Y si eres un fideicomisario, recomendaría que te reúnas con un abogado —quizás el que preparó el fideicomiso, y si no, alguien que se especialice en fideicomisos— para ayudarte a entender tus obligaciones y los pasos que necesitas tomar.

PATRIMONIOS INSOLVENTES

Supongamos que tu ser querido no poseía bienes raíces y al sumar sus activos y sus deudas, te das cuenta de que las deudas son mayores. Si ese es el caso, no hay necesidad de sucesión en el tribunal. En el próximo capítulo, discutiré cómo manejar las facturas de tu ser querido tras su muerte, pero por ahora simplemente diré que si el patrimonio es insolvente, *no* debes firmar ningún documento que indique que asumirás la responsabilidad de las deudas de tu ser querido.

CAPÍTULO 7

Manejo de Sus Deudas

Aquí hay algo particularmente importante que debes entender: cuando un ser querido muere, incluso si eres uno de sus herederos, *no* eres personalmente responsable de pagar sus deudas. No debes sus deudas de tarjetas de crédito. No debes sus gastos médicos, sus facturas de servicios públicos o su factura de cable.

Si el patrimonio de tu ser querido tiene activos, las personas o compañías a las que se les debe dinero pueden tener un reclamo contra el patrimonio, pero depende de ellos tomar las medidas necesarias para proteger esos reclamos. Si lo hacen, eso podría reducir tu herencia. Si no lo hacen, ese dinero no se debe, ni por el patrimonio ni por ti personalmente.

En ese sentido al menos, la muerte de tu ser querido no es una carga financiera. Pueden haber dejado cientos de miles de dólares en deudas de tarjetas de crédito y médicas, así como una pila de facturas de servicios públicos sin pagar. Puedes ser un heredero del patrimonio o un pariente cercano, pero no eres personalmente responsable de esas deudas.

QUÉ HACER CUANDO LLEGAN
LAS FACTURAS

Lo que he dicho plantea una pregunta: ¿qué debes hacer con las facturas de tu ser querido? No estoy dando asesoramiento legal específico para tus circunstancias aquí; para eso, siempre puedes consultar con un abogado de sucesiones. En cambio, permíteme describir cómo mi familia manejó las deudas después de la muerte de mi madre.

El primer paso que tomamos fue presentar un aviso en la oficina de correos para que su correo se redirigiera a mi dirección. No hice que su correo se redirigiera a mi nombre, porque no quería que sus acreedores pusieran presión sobre mí, sino simplemente a mi dirección. Con eso, su correo, incluyendo sus facturas, comenzó a llegar a mi casa.

Cuando llegaba una factura, escribía una nota en ella diciendo que, desafortunadamente, mi madre había fallecido. Eso es todo lo que ponía. No ponía mi nombre en ella; no decía que no iba a pagarla. Incluía una copia de su certificado de defunción junto con mi nota en la factura y la devolvía.

Es importante que te sientas empoderado para hacer lo mismo. No debes el dinero; el patrimonio puede hacerlo en algún momento, pero tú no. Cuanto más pequeña sea la factura, más probable es que nunca vuelvas a escuchar de ese acreedor. Ellos considerarán la deuda como una pérdida y seguirán adelante.

Si persisten y envían más facturas —y algunos lo harán— simplemente haz lo mismo: escribe la nota, incluye el certificado de defunción y devuélvela.

Nunca debes hacer una manifestación de que vas a pagar la factura de un ser querido. Y ciertamente no debes sentirte obligado a hacerlo.

APARTAMENTOS Y ALQUILER

Si tu ser querido estaba alquilando un apartamento en el momento de su muerte, es importante saber que no eres personalmente responsable de cumplir con sus términos, a menos que tu nombre estuviera en el contrato de arrendamiento. En ese caso, serías responsable de continuar pagando el alquiler. Como es el caso con otras facturas, el arrendador también podría presentar un reclamo contra el patrimonio de tu ser querido por los pagos restantes del alquiler o cualquier daño causado a la propiedad. También puede valer la pena que revises una copia del contrato de arrendamiento para ver si explícitamente anula cualquier deuda en caso de la muerte del inquilino.

Prácticamente hablando, típicamente recomendamos que las familias se acerquen al complejo de apartamentos, proporcionen una copia del certificado de defunción y ofrezcan trabajar con el arrendador para terminar el contrato de arrendamiento sin costo alguno. Eso implica trabajar diligentemente para sacar las pertenencias de tu ser querido del apartamento y limpiarlo, tal como lo harían cuando su contrato de arrendamiento llegara a su fin. Después de haber hecho eso, puedes entregar las llaves y alejarte. Bajo ninguna circunstancia deberías ofrecer pagar dinero; recuerda, no eres personalmente responsable.

Es mucho más probable que el arrendador presente un reclamo contra el patrimonio si abandonas la propiedad, dejando las pertenencias de tu ser querido y sin limpiar. En ese caso, estarías dejando que el arrendador enfrente un gasto significativo en ausencia de cualquier comunicación de tu parte. Eso es invitar a un reclamo.

En términos generales, hemos encontrado que los arrendadores no están interesados en perseguir sus reclamos a través del proceso de sucesión después de que un inquilino muere. Si te acercas a ellos, no con una oferta de dinero sino más bien para dejar el apartamento vacío y en buenas condiciones para una fecha determinada, es probable que extiendan sus condolencias, agradecimientos y estén de acuerdo.

AVISOS A LOS ACREEDORES

Si el patrimonio de tu ser querido incluye bienes raíces o es lo suficientemente grande como para pasar por el tribunal de sucesiones, se te requerirá presentar una lista de acreedores y el tribunal te exigirá a ti (o a tu abogado) que les envíes un aviso de la muerte de tu ser querido. A medida que más acreedores se hagan conocidos, también tendrás que enviarles avisos. Mientras tanto, a medida que llegan las facturas, simplemente sigue enviándolas de vuelta con la misma nota de la misma manera.

Una vez notificados, los acreedores son responsables de contratar a su propio abogado y presentar la documentación apropiada para hacer un reclamo contra el patrimonio. Cada estado tiene sus propias reglas sobre cuán rápido un acreedor debe presentar tal reclamo; puede ser tan corto como noventa días después de recibir el aviso. Es de tu interés enviar estos avisos porque, al hacerlo, el reloj comienza a correr. Si un acreedor pierde el plazo, su reclamo se renuncia para siempre. Punto.

La mayoría de las compañías de tarjetas de crédito eligen no perseguir sus reclamos. Saben que un cierto número de personas a las que les prestan dinero van a morir, y no están dispuestos a participar en procedimientos de sucesión por todo el país para recuperar ese dinero. Lo consideran una pérdida para la compañía y lo recuperan a través de la tasa de interés que cobran a otros clientes. Mi madre tenía varias tarjetas de crédito con una deuda combinada de unos pocos miles de dólares cuando murió. Debido a que ella poseía una casa, terminamos en el tribunal de sucesiones. Las compañías de tarjetas de crédito recibieron sus avisos —y ninguna presentó un reclamo antes de que su plazo expirara. Como resultado, las deudas de sus tarjetas de crédito fueron canceladas.

EXCEPCIONES A LA REGLA

Hay excepciones a la regla, pero están a tu discreción. Toma por ejemplo las facturas de servicios públicos. Si no pagas la factura de electricidad, van a apagar las luces. En nuestro caso, tuvimos que mover muchas cosas de la casa de mi madre antes de poder ponerla a la venta. Así que, elegimos pagar las facturas de servicios públicos y mantener las luces encendidas.

También puedes *elegir* pagar algunas de las facturas de tu ser querido porque sientes que es lo moralmente correcto. La atención médica podría ser un ejemplo. No estoy diciendo que *no* debas hacerlo, si te sientes obligado a hacerlo. Mi punto es que es tu *elección*, no una obligación.

CAPÍTULO 8

Manejo de Sus Propiedades

Legalmente hablando, la propiedad que dejó tu ser querido puede caer en dos categorías: bienes raíces, que se refieren a cualquier propiedad inmobiliaria que poseían, y propiedad personal, que significa todo lo demás. Ambas ya se mencionaron en el Capítulo 6, pero hay más que deberías saber sobre cómo disponer de ellas.

BIENES RAÍCES

Los bienes raíces son como una cuenta bancaria en cierto sentido: si son de propiedad conjunta, esa propiedad simplemente pasará al sobreviviente, típicamente el cónyuge. Eso significa que si son propietarios conjuntos de una casa y su cónyuge fallece, tú eres el dueño del hogar. Los bienes raíces también pueden transferirse a través de un fideicomiso si se tiene uno en vigor. (Cubrimos los fideicomisos en el Capítulo 6).

Sin embargo, si tu ser querido poseía sus bienes raíces de manera independiente, sin un fideicomiso, como fue el caso con mi madre, necesitarás acudir al tribunal de sucesiones para transferir la propiedad a otra persona. Esto es así, ya sea que haya una hipoteca sobre la propiedad o no.

Si hay una hipoteca, recomiendo ser proactivo y notificar a la compañía hipotecaria sobre el fallecimiento de tu ser querido para asegurarse de entender el saldo restante, el tamaño de los pagos mensuales y cuándo vencen. Una hipoteca es lo que se llama una "deuda garantizada". Eso significa que la compañía hipotecaria tiene el derecho de ser pagada en su totalidad al vender la propiedad; si no se realizan los pagos mensuales de la hipoteca a tiempo, la compañía hipotecaria puede emprender acciones legales para ejecutar la hipoteca y forzar la venta de la propiedad. No es el tipo de cosa con la que se desea lidiar si es posible evitarlo, y ciertamente no quieres ser sorprendido por una ejecución hipotecaria inesperada.

Habrá una variedad de opciones a considerar. ¿Vas a intentar asumir la hipoteca y refinanciarla para mantener la propiedad? ¿Vender la propiedad? Los bancos y las compañías hipotecarias tienen prioridad como acreedores; técnicamente, se les llama acreedores garantizados. Van a recibir el pago, y eso no cambia simplemente porque tu ser querido haya fallecido. Si vende la propiedad, el juez de sucesiones se asegurará de que el cheque se emita al titular de la hipoteca por lo que se les debe; el saldo restante es un activo que entra al patrimonio. Si hay un testamento, el dinero se distribuirá de acuerdo con sus términos, y si no lo hay, las leyes de sucesión intestada de su estado determinarán la distribución. (Cubrimos estos temas en el Capítulo 6).

Hipotecas Inversas

Si tu ser querido estaba en edad de jubilación o se acercaba a ella, podría haber tomado una hipoteca inversa sobre su propiedad. Esto esencialmente implica pedir prestado contra el valor de su hogar con el principal (más intereses) adeudados únicamente cuando fallecen o venden la propiedad. Es esencialmente una apuesta por parte de la compañía hipotecaria; esperan que tu ser querido muera o venda antes de que el tamaño del préstamo, con todos los intereses acumulados, supere el valor de la casa. Por eso generalmente se ofrecen solo a personas mayores. La buena noticia en esta apuesta para el prestatario es que nunca está obligado a pagar más que el valor de la casa.

Si tu ser querido tenía una hipoteca inversa, las consecuencias para ti como heredero pueden ser decepcionantes. No te encontrarás en una situación negativa; nuevamente, el monto adeudado al fallecimiento de tu ser querido nunca puede ser mayor que el valor de la casa. Pero puedes descubrir que, incluso si el valor de la propiedad ha aumentado sustancialmente, el patrimonio no se beneficiará mucho de la venta después de que se pague la hipoteca inversa debido a los intereses acumulados.

PROPIEDAD PERSONAL

Todo lo que tu ser querido poseía que *no* sean bienes raíces es propiedad personal, y como discutimos en el Capítulo 6, se distribuye según su testamento o la ley de sucesión intestada del estado. Hay algunas cosas a considerar al disponer de estas posesiones.

Ropa y Caridad

Cuando el presentador de *Jeopardy*, Alex Trebek, falleció en 2020, su familia donó catorce de los trajes que usaba en televisión y cientos de accesorios a una organización benéfica, para que pudieran ser usados en entrevistas de trabajo por personas necesitadas. En las ciudades del norte de los Estados Unidos, los abrigos son difíciles de conseguir, al igual que los zapatos y botas de invierno.

Menciono estos detalles simplemente para animarte a pensar más allá de desechar ropa u otras posesiones personales y considerar la posibilidad de donarlas en su lugar. Puede ser una forma de encontrar cierta medida de positividad en la pérdida.

Muchas personas llevan la ropa y otras posesiones de su ser querido a Goodwill porque es bien conocido, y no hay nada de malo en eso. Pero Goodwill se sostiene vendiendo estos artículos, y hay muchas personas necesitadas. Así que, podrías considerar todas las opciones a nivel local; incluso podrías encontrar que algunas organizaciones benéficas recogen las posesiones. Y de todas las posesiones, donar ropa puede tener el impacto más inmediato.

Coches

Mi madre dejó un coche relativamente nuevo en su cochera. No tenía idea de si lo había comprado completamente o tenía un préstamo. Buscamos el título pero no pudimos encontrarlo. No estábamos obligados a pagar el seguro cuando llegó la factura; cubrimos las facturas en el Capítulo 7, pero el coche era un activo, y si no pagábamos la factura, no tendríamos seguro para protegerlo.

Todo esto es una forma de decir que los coches son importantes, y disponer de ellos puede ser complejo. Si hay un préstamo, no es diferente a una hipoteca en este aspecto: está garantizado por el valor del propio coche. El prestamista retiene el título del coche hasta que se paga el préstamo; si no paga el préstamo, pierde el coche. Si no puedes encontrar un título, fue probablemente por eso.

¿Cómo averiguar quién tiene el préstamo y cuánto se debe? Puedes contactar al concesionario, que típicamente se identifica por un logotipo adherido a la parte trasera del coche. Mira en la guantera cualquier documento relacionado con la compra que pueda proporcionar una pista.

En el caso de mi madre, revisamos ambos lugares y no encontramos nada, pero tenía una chequera en su casa. Su caso estaba en sucesiones, y tenía una carta de administración que me permitía servir como su representante personal mientras el caso estaba en curso. Entré al banco con su chequera, certificado de defunción y mi carta de administración en mano; me senté con su representante y expliqué que no tenía idea de cuántas cuentas tenía allí, qué contenían, si había débitos automáticos, y si había un préstamo para el coche, quién tenía el título. Tuve que pasar por un proceso y papeleo, pero imprimieron los últimos seis meses de sus estados de cuenta. Los revisé y encontré un cargo mensual recurrente de una cooperativa de crédito local que sacaba lo que parecía ser un pago del tamaño de un coche cada mes.

La cooperativa de crédito fue mi siguiente parada, donde pasé por el mismo proceso y conocí el tamaño del saldo restante. Pudimos llegar a un acuerdo para que ellos recompraran el coche.

Y recuerda: como discutimos en el Capítulo 7, no estás personalmente obligado a pagar el coche. Si vale menos de lo que se
debe, simplemente conduce el coche hasta la ubicación del prestamista y dale las llaves, dile dónde está estacionado, retira las
placas y vete. (No es tan simple, realmente; debes obtener algún
tipo de reconocimiento de que tomaron el vehículo, ya sea por
escrito o una fotografía del coche con su representante al lado).
Si al prestamista se le debe más que el valor del coche cuando lo
venden, ellos son responsables de hacer la reclamación apropiada
contra el patrimonio.

CAPÍTULO 9

Beneficios por Fallecimiento

Tu ser querido puede haber dejado una serie de beneficios por fallecimiento que pueden ayudar a su familia a sobrellevar las consecuencias financieras de su pérdida. El más común es uno que podrías pasar por alto, así que comenzaremos por ahí.

SEGURO SOCIAL

Tendemos a pensar primero en el Seguro Social como el plan de jubilación del gobierno, pero ese es en realidad solo uno de sus tres componentes. También puede servir como seguro de discapacidad, lo cual será importante cuando discutamos cómo sobrellevar una lesión catastrófica de un ser querido en la Parte 3. Pero el tercero, y más importante para nuestros propósitos ahora, es lo que equivale al componente de seguro de vida del Seguro Social.

Si tu ser querido contribuyó al sistema de Seguro Social durante sus años de trabajo —el tiempo requerido depende de su edad al momento de la muerte— entonces el Seguro Social puede proporcionar lo que se llaman "beneficios para sobrevivientes" para ayudar a estabilizar las finanzas de su familia. Estos son pagos continuos. No están disponibles en todas las situaciones, pero sí en muchas, incluyendo algunas que pueden sorprenderte.

ELEGIBILIDAD PARA LOS BENEFICIOS PARA SOBREVIVIENTES

Aquí hay algunos casos en los que los beneficios para sobrevivientes del Seguro Social pueden estar disponibles para tu familia:

- Si tu cónyuge muere y tú estás cuidando a sus hijos menores de dieciocho años (hijos adoptivos, nietos e hijastros pueden calificar bajo ciertas circunstancias);

- Si tu cónyuge muere y tienes más de 60 años, independientemente de si tienes hijos menores;

- Si eres un padre mayor de sesenta y dos años dependiente de un hijo que muere; y

- Si estás divorciado y tu ex cónyuge muere, dependiendo de cuánto tiempo estuvieron casados.

En resumen: Es importante, tras el fallecimiento de tu ser querido, ponerse en contacto con el Seguro Social para ver si calificas.

El Pago Único

Aquí hay un beneficio adicional del Seguro Social que, aunque casi insultante, se proporciona automáticamente a un cónyuge sobreviviente: un pago único de $255 USD. Hay una condición: estar viviendo juntos al momento del fallecimiento del ser querido. Si no hay un cónyuge sobreviviente, un hijo elegible puede recibir el beneficio único de $255 USD.

Encontrar el Número de Seguro Social

Necesitarás el número de Seguro Social de tu ser querido por varias razones. La funeraria lo incluirá en el certificado de defunción y puedes usarlo para notificar al Seguro Social sobre la muerte de tu ser querido, pero tú deberás proporcionárselo. También puedes necesitarlo para acceder a la cuenta bancaria de tu ser querido y, por supuesto, lo necesitarás para contactar al Seguro Social.

¿Pero qué pasa si no lo sabes? Sucede, quizás más a menudo de lo que crees.

El primer lugar al que debes acudir es el último lugar donde tu ser querido trabajó. Cada empleador en los Estados Unidos está obligado a conservar el número de Seguro Social de cada empleado o trabajador independiente. (Suponiendo, claro, que tu ser querido no trabajaba "bajo la mesa"). Contacta al último empleador de tu ser querido, infórmales que ha fallecido y que la funeraria está solicitando su número de Seguro Social. El empleador puede buscarlo y proporcionártelo.

CÓMO CONTACTAR AL SEGURO SOCIAL

Puedes solicitar beneficios del Seguro Social o informarte sobre ellos en el sitio web de la agencia:

www.socialsecurity.gov

Es un servicio automatizado, y debes esperar en línea, pero también puedes llamar al número gratuito del Seguro Social entre las 7:00 a.m. y las 7:00 p.m. EST, de lunes a viernes:

1-800-877-1213

También puedes acudir a la oficina local del Seguro Social y hablar con alguien que trabaje allí.

No Demores

En el caso de una lesión catastrófica que deje a tu ser querido discapacitado, el Seguro Social pagará de forma retroactiva tus beneficios hasta la fecha de la discapacidad. Pero eso no sucede con los beneficios por fallecimiento. Si esperas seis meses después de la muerte de tu ser querido para reclamar tu beneficio de sobreviviente, perderás esos seis meses de pagos.

E incluso si la funeraria ha notificado al Seguro Social sobre la muerte de tu ser querido, eso no activa automáticamente un beneficio. Necesitas ser proactivo.

> **En resumen:** contactar al Seguro Social poco después del fallecimiento de tu ser querido para ver si tu familia califica para los beneficios de sobreviviente es importante.

Si Tu Ser Querido Estaba en el Seguro Social

Si tu ser querido estaba recibiendo beneficios del Seguro Social en el momento de su muerte, la notificación de la funeraria puede detener sus pagos mensuales. Si hay una brecha, o si la funeraria no reporta la muerte, el gobierno querrá ser reembolsado por cualquier pago recibido después del fallecimiento de tu ser querido. Si tú eres el representante personal de tu ser querido, es tu responsabilidad devolver el dinero. ¡Otra razón para ser proactivo!

BENEFICIOS DE PENSIÓN

Si tu ser querido recibía una pensión a través de su empleador, esta puede proporcionar beneficios para sobrevivientes, en cuyo caso habrían nombrado a un beneficiario. Con el aumento de los planes de jubilación 401(k), las pensiones se han vuelto menos comunes, pero durante muchos años fueron un beneficio principal del empleo y siguen siéndolo especialmente para empleados públicos.

SEGURO DE DISCAPACIDAD

Muchos empleadores proporcionan seguro de discapacidad a largo plazo, y si tu ser querido no pudo trabajar y estaba en estado de discapacidad cuando murió, puedes descubrir que su póliza proporciona un beneficio por fallecimiento. De hecho, ese es generalmente el caso. Muchas personas pasan por alto esta posibilidad porque asumen que los pagos de discapacidad terminan con la muerte de su ser querido. Eso no siempre es así, y en esos casos, la póliza debería designar a un beneficiario.

ANUALIDADES

Las anualidades son una forma de pagos regulares que tu ser querido pudo haber recibido como parte de un acuerdo legal previo. También pudieron haber establecido una anualidad como parte de su plan de jubilación.

Algunas anualidades se pagan solo en vida, en cuyo caso no hay un beneficio por fallecimiento. El último pago probablemente caería en el patrimonio de tu ser querido y, en ese momento, cesarían.

Pero la mayoría de las anualidades proporcionan lo que se llama un "derecho de supervivencia". Se pagan durante un período de tiempo definido; digamos que son, sea por caso, veinte años. Si tu ser querido murió a los diez años, los pagos continuarán durante los siguientes diez años. En tales casos, tu ser querido habría designado a un beneficiario cuando se estableció la anualidad.

DIVORCIO Y MANUTENCIÓN DE HIJOS

Es común que los acuerdos de divorcio aborden cómo se cuidará de los hijos en caso de que uno de los cónyuges muera antes de que los niños alcancen la mayoría de edad, que es dieciocho años en todos los estados excepto en unos cuantos. Esto a menudo se hace requiriendo que ambos padres adquieran una póliza de seguro de vida a término como parte del acuerdo de divorcio. (También podría hacerse requiriendo que un padre provea manutención a través de su testamento).

Si tu ser querido estaba divorciado y no puedes localizar su seguro de vida, el decreto o sentencia de divorcio es un buen lugar para buscar. Es un registro público, archivado en el juzgado del condado o localidad en donde se realizó el divorcio. Si conoces a uno de los abogados involucrados en el caso, también puedes contactarlos.

Es posible que la póliza de seguro aún esté en vigor incluso después de que el menor haya cumplido dieciocho años. Supongamos que tu ser querido compró una póliza de seguro de vida a término de diez años en el momento del divorcio, cuando el menor tenía doce años. Cumplió dieciocho años seis años después de ese término, pero si tu ser querido continuó pagando las primas, la póliza permanecería en vigor durante cuatro años más.

LA DURA REALIDAD

Cuando todo está dicho y hecho, con demasiada frecuencia las familias que han sufrido una pérdida trágica se enfrentan a una pregunta que parece no tener respuesta: ¿cómo vamos a salir adelante? La muerte de un ser querido puede abrir un agujero en las finanzas familiares tan grande que su patrimonio y los beneficios que hemos discutido simplemente no pueden cerrarlo. No hay fin a las preguntas, realmente. ¿Quién va a pagar la hipoteca? ¿Cómo van a pagar la universidad de los niños? ¿Podremos siquiera poner comida en la mesa?

Esta es la razón principal por la que las familias a menudo recurren al sistema judicial civil, que describiré en la Parte 4, en un esfuerzo por responsabilizar a la persona culpable (a través de su seguro y a veces sus activos personales) o a la compañía responsable de la pérdida.

Trabajar a través de las consecuencias prácticas de la muerte catastrófica de un ser querido puede parecer un desafío interminable, y ciertamente es agotador. Entender los recursos y beneficios que pueden asistirte no hace más que ayudar. ¡Lo lograrás! Las cosas mejorarán. Lo sé porque lo he visto y lo he experimentado también.

Si has experimentado la muerte repentina de un ser querido, puedes optar por omitir la Parte 3 y pasar a la Parte 4. Si tu ser querido ha sufrido una lesión catastrófica, tanto las Partes 3 como 4 serán relevantes.

PARTE III

Desafíos Prácticos para las Familias Después de una Lesión Catastrófica

Conoces mi historia personal hasta ahora: cómo mi madre fue atropellada y asesinada por un camión de concreto mientras cruzaba una calle cerca de su casa. Mi familia no está sola en sufrir una pérdida así. Pero en mi vida profesional como abogado de lesiones personales, nos encontramos con muchas más familias que están lidiando con la lesión catastrófica de un ser querido en lugar de su muerte.

Si eso te describe, encontrarás que gran parte de lo que cubrí en la Parte 1 también se aplica a tu situación: la investigación policial, el sistema de justicia criminal y los derechos de las víctimas. Lo mismo ocurre con los temas que cubriré en la Parte 4 —sobre tomar el control y buscar responsabilidad a través del sistema de justicia civil, así como encontrar consuelo y significado en tu experiencia.

Pero en términos de desafíos prácticos, una lesión catastrófica que involucra a un ser querido plantea sus propios problemas e inquietudes. Los abordaré en esta sección del libro.

También hay una diferencia potencialmente positiva en tus circunstancias: la persona que amas todavía está aquí, entre los vivos. No necesariamente lo hace mejor o más fácil en el momento o después —pero está aquí, y gracias a Dios por eso.

También diré esto: aunque, por supuesto, depende de la naturaleza y extensión de las lesiones que sufra tu ser querido, estoy continuamente asombrado por la fuerza de voluntad que veo en las víctimas de eventos de lesiones catastróficas y sus familias, y hacia dónde puede llevar, independientemente de cuán terribles sean las circunstancias al principio. No hay garantías. Pero donde hay esperanza, hay posibilidades. El camino por delante puede ser largo, pero te animo a mantener la esperanza. En los años que he pasado trabajando con familias, he visto algunas historias de recuperación notables. Comprométete a tomar un día y un paso a la vez, y en la mayoría de los casos, las cosas mejorarán. Eso no significa que la vida vaya a ser la misma, pero valdrá la pena el viaje.

CAPÍTULO 10

Decisiones Médicas

Las primeras preguntas que suelen aparecer en la mente de una familia después de que un ser querido ha sufrido una lesión catastrófica son casi siempre médicas: ¿cuál es la naturaleza de sus lesiones, cuál es su pronóstico y las opciones de tratamiento, y cuándo (o si) podrán regresar a casa?

En el corazón de estas preguntas, y una potencialmente aún más urgente, hay otra: dada la naturaleza de sus lesiones, ¿es tu ser querido capaz de tomar decisiones médicas o no? A corto plazo, puede que no lo sean, incluso en un caso con un pronóstico prometedor. Es muy posible que estén en la Unidad de Cuidados Intensivos de un hospital, inconscientes, en un coma inducido médicamente o intubados para ayudarles a respirar.

Si pueden tomar sus propias decisiones, por supuesto, deberían hacerlo. (Si te preocupa su capacidad para tomar decisiones y ellos insisten en ello, deberías discutir tu preocupación con los médicos).

Pero, ¿qué pasa si no pueden tomar decisiones?

DIRECTIVAS ANTICIPADAS

Lo primero que el personal médico querrá saber es si tu ser querido creó lo que se llama una directiva anticipada. A menudo se le denomina "testamento vital".

Si no sabes la respuesta, tendrás que buscar en los mismos lugares donde buscarías su testamento real o una póliza de seguro de vida: sus archivos, los cajones de su escritorio y su caja fuerte. En muchos casos, encontrarás estos documentos en el mismo lugar. Una directiva anticipada también podría estar archivada con su abogado o su médico de cabecera. Si estaba consciente cuando llegó al hospital y necesitaba una cirugía inmediata, el personal del hospital podría haberle pedido que completara una directiva anticipada antes de someterlo a anestesia.

Qué Hace una Directiva Anticipada

Las directivas anticipadas, también conocidas como testamentos vitales, no son de uso estándar, pero en general, sirven para capturar los deseos de tu ser querido en caso de que no puedan tomar sus propias decisiones médicas. Su propósito es aliviar a los miembros de la familia de la carga de tomar decisiones de vida o muerte para otra persona en un momento de confusión y enorme presión. Las directivas anticipadas no pueden abordar todas las situaciones médicas, pero deberían tratar los temas que son más importantes para tu ser querido. Son un documento legal vinculante, al igual que un testamento. Si tus médicos tienen una copia de la directiva anticipada de tu ser querido, están obligados a seguirla.

Una directiva anticipada puede cubrir cuestiones que van desde qué tipo de medicamentos para el dolor tu ser querido quiere o no quiere hasta cuándo desean que los médicos dejen de intentar arreglar lo que está mal.

Un Tomador de Decisiones Médicas Designado

Usualmente, aunque no siempre, una directiva anticipada también incluirá un documento llamado "poder notarial durable para el cuidado de la salud". Puede tener otro nombre, pero su propósito es permitir que tu ser querido designe a alguien para tomar decisiones médicas si no puede hacerlo por sí mismo. Incluso puede nombrar un suplente.

Al juntar los documentos, efectivamente tienes una declaración vinculante de tu ser querido que indica bajo qué circunstancias desea que se detenga el cuidado médico (o simplemente lo contrario) y, en todas las demás circunstancias, al cónyuge, padre, hermano, hermana, hijo o a quien deseen para que tome decisiones médicas por él.

Un Tomador de Decisiones Financieras Designado

Alguien que crea los dos primeros documentos también puede crear un tercero: un fideicomiso revocable en vida. En esencia, nombrará a otra persona para que tome decisiones financieras en su nombre si queda incapacitado. Puede requerir que un médico lo declare incapacitado antes de entrar en vigor, y una vez que tu ser querido se recupere, la autorización termina. Pero mientras esté vigente, la persona que haya designado tiene la autoridad para acceder a sus cuentas, pagar sus facturas y manejar otros asuntos financieros que surjan.

DETERMINAR QUIÉN ESTÁ A CARGO

Si tu ser querido ha preparado todos estos documentos, bendiciones para ellos. Pero, ¿qué pasa si no lo ha hecho? Típicamente, los médicos y el personal del hospital trabajarán con la familia para tomar decisiones médicas sobre tu ser querido. Como parte de eso, alentarán a la familia a designar a un tomador de decisiones o tomadores de decisiones con quienes consultar. Ya sea que tu ser querido tenga una directiva anticipada o no, tu interacción con los médicos y el personal a menudo comienza con lo que se llama una "reunión familiar"; lo cubriré en un momento.

También es posible acudir al tribunal de sucesiones para que un juez designe a un tomador de decisiones médicas en nombre de tu ser querido. Considérelo como un último recurso. Siempre es mejor trabajar juntos como familia si es posible.

LA REUNIÓN FAMILIAR

Tan pronto como sea posible, los médicos y el personal responsables del cuidado de tu ser querido normalmente organizan lo que se llama una reunión familiar. Es posible que no ocurra hasta que la condición de tu ser querido se estabilice. Y si tu ser querido probablemente sea dado de alta rápidamente o sea transferido a otro lugar, puede que no ocurra en absoluto. Pero si no ha sucedido dentro de, digamos, veinticuatro a cuarenta y ocho horas después de que tu ser querido se estabilice, te insto encarecidamente a solicitar una reunión familiar tú mismo si tienes alguna pregunta sobre su condición y el plan de tratamiento. Es especialmente importante si no hay una directiva anticipada que guíes a todos los involucrados.

Una reunión familiar es una reunión estructurada. Normalmente no se celebra en la Unidad de Cuidados Intensivos o al lado de la cama de tu ser querido. En cambio, la reunión puede celebrarse en una sala de conferencias cercana. Asistirán los líderes del equipo médico junto con los miembros inmediatos de la familia que sean adultos. Los cuidadores se identificarán, proporcionarán un resumen de la situación de tu ser querido y sus recomendaciones médicas, y evaluarán tu deseo de información y cuán involucrado deseas estar. También responderán cualquier pregunta que tengan. Si no preguntan, es una gran oportunidad para designar a un miembro de la familia al que los médicos y el personal deberían contactar primero y a un suplente. Puedes pedir sus nombres e información de contacto —varios especialistas pueden estar involucrados— y discutir quién te proporcionará actualizaciones y decisiones a tomar y con qué frecuencia.

Puede ser una reunión difícil y emocional, pero también puede ser muy empoderadora. Sin ella, quedarás observando cómo olas de personas van y vienen mientras cuidan a tu ser querido, sin tener idea de lo que están haciendo o de la gravedad de la situación.

Quizás solo necesites una reunión. Si tu ser querido enfrenta una estadía prolongada, tal vez celebres una cada semana. Sea cual sea el caso, asegúrate de tomar notas.

PREGUNTAS PARA HACER
EN UNA REUNIÓN FAMILIAR

Primero, no olvides que los cuidadores están ocupados porque están tratando de ayudar a otras familias también. Tienen sus propias emociones y son conscientes de comportarse profesionalmente. Algunos pueden ser más pacientes y cálidos que otros. Pero eligieron hacer este trabajo porque quieren ayudar a familias como la tuya. Es su trabajo ser honestos contigo, y quieren involucrarte en el proceso tanto como puedan. Puede que no siempre se sienta así porque su trabajo puede ser urgente. Pero no dudes en preparar preguntas —y hacerlas.

- ¿Qué es razonable, desde su perspectiva, para mantenernos informados?

- Asumiendo que no hay una emergencia, ¿podemos ponernos en contacto cada (x) horas?

- Si surge una pregunta en un momento diferente o no escuchamos de usted cuando esperamos, ¿hay un número al que podamos llamar o alguien a quien debamos consultar?

- ¿A qué hora cambian sus turnos?

- ¿A qué hora del día esperan estar viendo a nuestro ser querido?

- ¿Qué reglas tienen sobre cuántas personas pueden visitar y cuándo?

- Si es particularmente importante que un miembro de la familia pase tiempo con nuestro ser querido, porque la familia piensa que podría ayudar, ¿pueden flexibilizar las reglas de ser necesario?

- ¿Qué servicios proporcionan en términos de consejería pastoral o de duelo, y cómo podemos acceder a ellos?

- ¿Cuáles deberían ser nuestras expectativas médicas entre esta y nuestra próxima reunión, en términos de recuperación?

CAPÍTULO 11

Finanzas

Nunca me he encontrado con una familia cuyo ser querido haya sufrido una lesión grave y cuya primera pregunta haya sido: "Bueno, ¿cuánto va a costar esto?". Están preocupados, ante todo, por su ser querido, no por el dinero, y así es como debería ser. Pero en algún momento, la familia o el ser querido comenzarán a preguntarse cómo manejarán los gastos médicos. Y con buena razón; el costo de la atención médica, especialmente en situaciones urgentes, puede ser extremadamente alto.

SEGURO DE SALUD

Si tu ser querido tenía un seguro de salud privado, entonces la cuestión de pagar sus facturas médicas puede no ser tan apremiante. El hospital tomará la información del seguro y su oficina de facturación puede explicar cuáles serán sus copagos y deducibles. Con la mayoría de los planes, hay un tope anual total de gastos. Una vez alcanzado, la mayoría de los planes de salud pagan el 100 por ciento de los gastos adicionales. Y en la mayoría de los casos que involucran una lesión catastrófica, podría alcanzar ese tope en las primeras veinticuatro horas de atención.

Si pagar tu parte de los costos es un desafío, el hospital trabajará en un plan contigo. No van a echar a tu ser querido por la puerta.

Si tu ser querido está en Medicare o Medicaid, el hospital aceptará sus beneficios. Aún puede enfrentar copagos y deducibles, pero su cobertura aliviará la carga.

Si Otra Persona Causó el Accidente

En casos donde otra persona es responsable de una lesión catastrófica, he visto familias retener información sobre su propia cobertura de seguro de salud. No eran responsables de la lesión, así que, ¿por qué deberían pagar por el tratamiento? En cambio, presionarán al hospital para que facture al seguro de la persona que causó el accidente.

Mi consejo: usa tu propio seguro de salud. Tu aseguradora puede tener la capacidad de recuperar parte de lo que han pagado más adelante. Pero si retienes información sobre tu seguro o esperas meses para enviar una factura, puedes poner en peligro su cobertura. Puedes descubrir más tarde que la persona que crees que debería ser facturada no tiene un seguro lo suficientemente amplio para cubrir tus pérdidas, y serás financieramente responsable de los gastos médicos.

Legalmente hablando, no importa quién sea responsable de la lesión que te llevó a ti o a tu ser querido al hospital. Inicialmente, tú eres financieramente responsable del cuidado que recibes. Eso no quiere decir que no podrás recuperar esos gastos de la persona culpable o de su compañía de seguros en el futuro. Discutiremos eso en detalle en la Parte 4.

Seguro de Automóvil

Si tuviste un accidente automovilístico también podrías pensar que tu seguro de automóvil debería cubrir tus gastos médicos. En la mayoría de los estados, puedes comprar una cobertura opcional de "gastos médicos" para tu seguro de automóvil. Estos beneficios pueden proporcionar tan solo $5,000 USD en cobertura, y creo que son mejor utilizados para cubrir cualquier copago o deducible de tu propio seguro de salud. En estos estados, el conductor culpable puede ser considerado financieramente responsable de tus gastos médicos, pero esa es una perspectiva a largo plazo; tú serás responsable de pagar las facturas por adelantado.

El hospital podría preferir facturar a tu seguro de automóvil si proporciona cobertura médica porque podrían ser reembolsados a una tasa más alta. Pero nuevamente, podrías preferir usarlo para cubrir otros pagos y deducibles. Por esa razón, recomiendo proporcionar al hospital solo la información de tu seguro de salud.

Una minoría de estados de Estados Unidos —al inicio de 2021, el número era once, más Puerto Rico— son estados de "seguro sin culpa" para accidentes de automóvil. Sus leyes son diferentes. En estos estados, tu propia póliza de automóvil es el primer, o principal, pagador de los gastos médicos relacionados con accidentes vehiculares hasta un límite definido por la ley estatal. No es opcional; es obligatorio. Ese límite puede ser tan bajo como $10,000 USD. Esto es el resultado de un movimiento de reforma bien intencionado pero defectuoso que se afianzó en los años 70. En su apogeo, más de treinta estados eran estados sin culpa, pero la experiencia mostró que el resultado fueron primas más altas para cada conductor porque todos compartían los costos creados por los conductores problemáticos.

El término "sin culpa" es algo erróneo. Incluso en esos estados, puedes demandar al conductor culpable para recuperar los costos médicos más allá del límite impuesto por la ley, así como otros daños. Y mi consejo es el mismo: incluso si estás en un estado sin culpa, deberías dar al hospital la información de tu seguro de salud además de la información de tu seguro de automóvil porque, con una lesión grave o catastrófica, agotarás la cobertura sin culpa más pronto de lo que piensas.

Si tienes preguntas sobre lo que tu seguro de automóvil podría pagar y bajo qué circunstancias, o si debes proporcionar esa información al hospital, te sugiero que primero hables con un abogado al respecto.

ESTADOS DE SEGURO SIN CULPA

Aquí están los estados sin culpa hasta enero de 2021 en los Estados Unidos: Florida, Hawái, Kentucky, Massachusetts, Míchigan, Minnesota, Nueva Jersey, Nueva York, Dakota del Norte, Pensilvania y Utah. Puerto Rico también tiene una ley sin culpa.

Medicaid Retroactivo

Si tu ser querido no tiene seguro privado, no está cubierto por beneficios de seguro militar y no está tampoco en Medicare o Medicaid al momento de su lesión, está en sentido práctico sin seguro. Medicaid retroactivo puede estar ahí para apoyar.

¿Nunca lo habías oído? No es de extrañar. La primera vez que muchas personas lo conocen es en el hospital.

Medicaid retroactivo permite a los solicitantes que son elegibles para la cobertura recibirla de Medicaid hasta noventa días antes de su solicitud. Los hospitales quieren cobrar —como deben hacerlo— y si tu ser querido está recibiendo atención y no tiene seguro, pueden mencionártelo. Si tu ser querido cumple con los requisitos de elegibilidad de Medicaid, cubrirá todo desde la factura inicial de ambulancia en adelante. Ningún otro seguro funciona de esa manera. Es una red de seguridad, proporcionando una forma para que las personas sin seguro que tienen lesiones inesperadas manejen sus gastos médicos sin caer en la bancarrota.

La ventana de noventa días retrocede desde la fecha de solicitud. No sabrás si estás aprobado de inmediato porque hay un proceso de revisión —y ciertamente no deberías esperar hasta el día noventa después del accidente de tu ser querido para aplicar. Cuanto antes sepas si eres elegible, mejor. Si crees que puedes calificar, deberías pedir ayuda al departamento financiero o de seguros del hospital para obtener estos beneficios.

ELEGIBILIDAD PARA MEDICAID RETROACTIVO

Medicaid retroactivo no es para personas con altos ingresos, pero muchas personas trabajadoras pueden calificar. En 2021, cuando se escribió este libro, el límite base de elegibilidad para el programa era un ingreso mensual de $2,400 USD o menos. Puede variar de estado a estado.

El hospital puede ayudarte a entender los números de ingresos relevantes en tu caso, basado en el estado donde vive tu ser querido y cuándo ocurre su lesión.

Si tu ser querido califica, la cobertura que proporciona Medicaid retroactivo es robusta. Paga por servicios ambulatorios, pruebas de laboratorio, radiografías, visitas a médicos, atención de salud en el hogar, medicamentos con receta, transporte, equipo médico, rehabilitación interna y más.

SEGURO DE DISCAPACIDAD A CORTO Y LARGO PLAZO

Si tu ser querido sufre una lesión traumática y no puede trabajar, querrás considerar todas las opciones que tiene la familia para cubrir la pérdida de ingresos. Y de sus opciones, la cobertura de discapacidad a corto o largo plazo puede ser la más sustancial y oportuna.

Es posible que tu ser querido haya comprado un seguro de discapacidad por su cuenta, a través de una compañía como Aflac. Pero muchos empleadores proporcionan una o ambas formas de cobertura de discapacidad como un beneficio para los empleados y lo pagan total o parcialmente. Si tu ser querido está incapacitado y has sido autorizado para actuar en su nombre, puedes acudir al departamento de recursos humanos de su empleador para determinar si tiene cobertura.

La cobertura de discapacidad a corto plazo generalmente entra en vigor dentro de una o dos semanas después de una lesión y usualmente cubre los primeros noventa días de incapacidad para trabajar. Generalmente paga entre el 60 por ciento y el 67 por ciento, o dos tercios de sus ingresos brutos, ya sea según lo determinado por el estado de W-2 del año anterior o por el recibo de pago más reciente. Generalmente incluye horas extras y bonificaciones en el cálculo, aunque los detalles en todos estos aspectos varían según la póliza. La cobertura de discapacidad a corto plazo generalmente se activa mediante una nota del médico que indica que tú o tu ser querido no pueden trabajar —por lo que deberás hablar con el médico de tu ser querido sobre si creen que se ha cumplido la definición de discapacidad de la póliza.

El seguro de discapacidad a largo plazo generalmente funciona de la misma manera y continúa donde lo deja la discapacidad a corto plazo: a los noventa días. Algunas pólizas están limitadas a casos en los que ya no puede hacer su propio trabajo; otras proporcionan cobertura si se le impide hacer cualquier trabajo. Otras establecen límites de tiempo: doce meses si no puede hacer su propio trabajo, con la cobertura continuando solo si no puede realizar cualquier deber de trabajo razonable. Pero si tu ser querido continúa cumpliendo con la definición de "discapacitado" en su póliza, la cobertura a largo plazo generalmente pagará hasta la edad de jubilación.

En mi práctica legal, vemos que más empleadores proporcionan cobertura a largo plazo que a corto plazo, bajo la teoría de que las familias pueden mantenerse al menos durante algún tiempo. El empleador puede pagar la cobertura a largo plazo como un beneficio de la empresa mientras permite a los empleados comprar cobertura a corto plazo si lo eligen. La cobertura a corto plazo generalmente es más cara porque es más probable que se use.

En resumen: el seguro de discapacidad a corto y largo plazo puede ser un salvavidas —y puede que ni siquiera sepas que tu ser querido tiene cobertura. Así que, verifique con su empleador.

SEGURO DE DISCAPACIDAD DE SEGURO SOCIAL

Si tu ser querido no tiene seguro de discapacidad a corto o largo plazo, la Seguridad Social proporciona dos programas que pueden ayudar.

El primero es el Seguro de Discapacidad de Seguridad Social, o SSDI. A menudo escucharás a personas decir que estos beneficios no comienzan hasta que tu ser querido no pueda trabajar durante un año —pero eso no es del todo cierto. Si esperas a que tu ser querido esté sin trabajo durante un año, puedes solicitar beneficios y comenzar a recibirlos antes. El proceso de solicitud sí lleva tiempo. Pero el punto importante aquí es que es un programa cuyos límites a menudo son mal entendidos.

También puedes escuchar a personas describir el Seguro de Discapacidad de Seguridad Social como un programa para aquellos que están permanentemente discapacitados. Nuevamente, eso no es del todo cierto. Tenemos clientes en el Seguro de Discapacidad de Seguridad Social que están pasando por una rehabilitación prolongada. Va a tomar más de un año antes de que puedan volver a trabajar, por lo que son elegibles; cuando vuelvan a su trabajo, los beneficios se detienen.

La Seguridad Social tiene su propia definición de discapacidad: "la incapacidad para participar en cualquier actividad sustancial y lucrativa debido a cualquier deterioro físico o mental determinable médicamente que se puede esperar que resulte en muerte o que haya durado, o se puede esperar que dure, por un período continuo de no menos de 12 meses".[1]

Es una definición bastante estricta, y es una definición legal, no médica.

1 https://www.ssa.gov/OP_Home/cfr20/404/404-1505.htm

Cómo Funcionan los Beneficios SSDI

El Seguro de Discapacidad de Seguridad Social funciona de la misma manera que la Seguridad Social en general: debe haber trabajado lo suficiente y pagado suficientes impuestos de Seguridad Social para ser elegible para los beneficios. Cuanto más paga al programa, más puede obtener de él —al menos hasta alcanzar el máximo.

Si no sabes en que estatus se encuentra tu ser querido él —o tú, si está incapacitado y has sido autorizado para actuar en su nombre— puede contactar a la Seguridad Social para determinar si es elegible para beneficios y en qué cantidad.

CÓMO CONTACTAR A LA SEGURIDAD SOCIAL

Primero lo expliqué en el Capítulo 9, pero aquí está de nuevo. Puedes solicitar beneficios de la Seguridad Social o informarte sobre ellos en el sitio web de la agencia:

www.socialsecurity.gov

Es un servicio automatizado, y debes esperar en línea, pero también puedes llamar al número gratuito de la Seguridad Social entre las 7:00 a.m. y las 7:00 p.m. EST, de lunes a viernes:

1-800-877-1213

También puedes acudir a tu oficina local de Seguridad Social y hablar con alguien que trabaje allí.

El Proceso de Revisión

Puede tomar entre tres y cinco meses para que una solicitud de SSDI sea revisada. Es un proceso largo, que involucra evaluaciones por parte de un experto médico y uno vocacional. Si tu ser querido no tiene cobertura de discapacidad a corto o largo plazo, y parece que no podrá trabajar durante un año o más, presenta la solicitud. Si se recupera grandemente y vuelve al trabajo antes, puedes retirarla.

Nota: Si tu ser querido tiene verdaderas lesiones catastróficas, probablemente obtendrán sus beneficios con su primera solicitud. Parece que el sistema está diseñado para que solo los casos más graves sean aprobados en la solicitud inicial.

El sistema proporciona un proceso de apelación llamado reconsideración. Puedes presentar los documentos solicitando reconsideración hasta sesenta días después de que una solicitud sea denegada. Es cuando la mayoría de las personas obtienen sus beneficios. Pero si tu solicitud de reconsideración es denegada, puedes apelar a un juez de derecho administrativo dentro de sesenta días a partir de la denegación. Podrían pasar hasta dieciocho meses después de la solicitud inicial antes de que el juez escuche el caso.

¿Listo para las buenas noticias de todo esto? Si persististe hasta el punto de ganar la apelación, los beneficios se pagarán retroactivamente hasta el punto donde comenzó la discapacidad. Solo tienes que llegar a la línea de meta.

Algunas familias eligen seguir todo esto por su cuenta; otras contratan a un abogado para que les ayude. Si contratas a un abogado, la Seguridad Social limita sus tarifas al 25 por ciento de tus beneficios atrasados o $6,000 USD, lo que sea menor. El abogado no puede cobrarte una tarifa por hora, y solo le pagan si obtienes tus beneficios.

INGRESO DE SEGURIDAD SUPLEMENTARIO

Si tu ser querido no es elegible para los Beneficios de Discapacidad de la Seguridad Social, hay un segundo programa disponible como red de seguridad: Ingreso de Seguridad Suplementario, o SSI. Es administrado por la Administración de Seguridad Social, pero en realidad no está financiado por personas que pagan al programa. En cambio, está financiado directamente por el gobierno federal.

SSI está diseñado para ayudar a personas con discapacidades y con ingresos y activos limitados a satisfacer sus necesidades básicas: comida, gas, agua, electricidad y refugio.

No es fácil calificar. Pero puedes solicitarlo usando la información de contacto que te proporcioné en este capítulo.

SI TU SER QUERIDO ESTÁ INCAPACITADO

Si tu ser querido tiene un largo camino de recuperación por delante y va a estar incapacitado por un tiempo prolongado, la familia puede necesitar pedirle a un juez de sucesiones que autorice a alguien específico para manejar los aspectos financieros de su vida, incluyendo la presentación de solicitudes de beneficios. Lo mismo podría ser cierto para tomar decisiones médicas en su nombre. El proceso de sucesiones está ahí para ayudar a manejar situaciones como estas. La persona que el tribunal designe generalmente se llama conservador.

CAPÍTULO 12

Realizando Ajustes

¿Qué pasa si tu ser querido no cumple con las definiciones de discapacidad total que discutimos en el Capítulo 11 y quiere regresar al trabajo lo antes posible pero necesita que se realicen algunas adaptaciones allí? ¿Qué pasa si son inquilinos y necesitan adaptaciones en su apartamento?

Este es un capítulo sobre la realización de ajustes necesarios para adaptar el entorno de tu ser querido a su nueva realidad, y comenzaré con sus derechos bajo la Ley de Estadounidenses con Discapacidades, o ADA por sus siglas en inglés.

La mayoría de las personas probablemente han oído hablar de ella, y pueden pensar que ha existido desde siempre, pero fue promulgada apenas en 1990. Básicamente, es una legislación de derechos civiles que extiende los mismos derechos que han existido desde hace más tiempo en cuestiones de raza, religión, sexo y origen nacional a las personas con discapacidades. Cubre todos los aspectos de la participación en la sociedad, incluyendo el empleo, los alojamientos públicos, el transporte y las telecomunicaciones. Por eso los autobuses ahora acomodan sillas de ruedas, y las aceras tienen rampas en las intersecciones. Y la ADA también proporciona protecciones importantes en el lugar de trabajo.

EMPLEO

La ADA prohíbe la discriminación contra las personas con discapacidades en todos los aspectos de su empleo, desde el reclutamiento hasta la incorporación, promociones y despidos. Si un trabajador con discapacidades necesita adaptaciones razonables para desempeñar su trabajo y solicita esas adaptaciones, el empleador está obligado a realizarlas. En este caso, razonable se define como adaptaciones que no interfieren sustancialmente con la capacidad del empleador para gestionar el negocio. Este aspecto de la ADA originalmente solo se aplicaba a grandes empleadores, pero ahora cubre cualquier lugar de trabajo con quince o más empleados. Si el empleador se niega a honrar una solicitud razonable, la Comisión Federal de Igualdad de Oportunidades en el Empleo tiene la autoridad para requerirlo. También puede contratar a un abogado para tomar medidas y hacer cumplir sus derechos.

VIVIENDA

Muchas personas viven en apartamentos, y las personas con discapacidades tienen protecciones en este aspecto a través de una ley federal diferente que se aprobó aproximadamente al mismo tiempo que la ADA: la Ley de Vivienda Justa de 1988.

La Ley de Vivienda Justa requiere que todos los edificios de apartamentos construidos después de marzo de 1991 proporcionen características que los hagan adaptables para residentes con discapacidades. Esto se aplica a cada unidad en la planta baja de un edificio que no tiene ascensores y a cada unidad en un edificio que sí los tiene.

Pero aquí es donde la ley se detiene y puede causar confusión: decir que los apartamentos deben tener características que los hagan adaptables es diferente a exigir que los propietarios paguen por las adaptaciones cuando sean necesarias.

¿Qué significa esto en la vida real? Que un propietario debe permitirte instalar una rampa de acceso si lo desea, pero no está obligado a pagarla. Lo mismo aplica para ajustar la altura de la iluminación, expandir el ancho de una puerta o agregar pasamanos en la bañera. El apartamento debe ser adaptable y el propietario debe permitir estos cambios, pero no está obligado a pagarlos. Además, el inquilino es responsable de restaurar el apartamento a su condición original cuando finalice su contrato de arrendamiento y se vaya.

Obviamente, todo esto puede ser una carga. Pero si tu ser querido cumple con la definición de "víctima de un crimen" en su estado, el Fondo de Compensación para Víctimas discutido en el Capítulo 3 puede cubrir algunos o todos estos costos. Podrías descubrir que tu ser querido también tiene una póliza de seguro que lo cubre.

Una última advertencia respecto a la Ley de Vivienda Justa: solo es aplicable en edificios con cuatro o más unidades. Eso significa que las personas que viven en un dúplex no están cubiertas, y tampoco las que alquilan una casa unifamiliar.

Áreas Comunes

La ADA proporciona protecciones contra la discriminación en las áreas comunes de un edificio de apartamentos porque se consideran espacios públicos. La oficina de alquiler es un área común. También lo son los estacionamientos y pasillos cubiertos.

CUIDADO A LARGO PLAZO

Recuperarse de una lesión catastrófica no se trata solo de atención aguda en el hospital. A menudo requiere tiempo y esfuerzo. Y si tu ser querido necesita cuidado a largo plazo en una instalación de internamiento, puede ser una perspectiva financieramente aterradora, incluso si es solo por sesenta días. Pero puede necesitar acceso a servicios de rehabilitación vocacional o física y equipo que solo se puede encontrar en una instalación de cuidado a largo plazo; puede continuar necesitando apoyo una vez que esté en casa. Todo esto llega a ser muy caro. ¿Quién va a pagar la cuenta?

Su seguro de salud privado usualmente cubrirá estos gastos médicamente necesarios, y si están en Medicare o Medicaid, esto generalmente también está cubierto. Tu ser querido puede solicitar Medicaid retroactivo, que cubrimos en el Capítulo 11. Pero, por supuesto, existe la posibilidad de que no sea elegible. Resolver todo esto y obtener las aprobaciones necesarias puede ser abrumador.

La buena noticia es que, en general, no hemos visto personas obligadas a prescindir de los servicios que necesitan. Tal vez requerirá algo de trabajo lograrlo, ya sea a través de un seguro privado, seguro gubernamental o incluso a veces a través de organizaciones sin fines de lucro dedicadas a ayudar a las personas a satisfacer tales necesidades.

El lugar para comenzar es identificando las necesidades a largo plazo de tu ser querido lo antes posible con los médicos que lo atienden. Luego, puedes comenzar a investigar las opciones. A menudo hemos encontrado que los médicos que prescriben la atención también pueden tener personal que te ayudará a localizar los recursos que necesarios y cómo pagarlos.

DÓNDE ESTO TE DEJA

La triste realidad de una lesión catastrófica es que la vida de tu ser querido puede que nunca vuelva a ser la misma, y tampoco la de la familia. Su vida diaria y su capacidad para ganar dinero pueden cambiar para siempre.

Pero tu ser querido todavía está contigo. Y en muchos, muchos casos, he visto personas que han sufrido lesiones catastróficas y sus familias hacen lo que parece, al principio, inagotable. Puede ser una prueba de resiliencia, un túnel muy largo. Pero en la gran mayoría de los casos, hay luz al final de ese túnel. Existe una razón para esperar. Hay disponibles apoyo, opciones y oportunidades.

Ayudar a las familias a reconocer esto —y ver hasta dónde la esperanza puede llevarlas— es uno de los aspectos más gratificantes de mi trabajo. Todo comienza con tomar el control de tus circunstancias en la mayor medida posible, un día a la vez. Y eso es a donde nos dirigimos a continuación.

Si tu ser querido ha sufrido una lesión catastrófica, encontrarás que las Partes 1 y 4 también son especialmente relevantes.

PARTE IV

Obtener Responsabilidad por las Consecuencias Permanentes

Como sucedió, las cámaras en la intersección donde mi madre fue atropellada capturaron todo. No la he visto, pero mi socia en el bufete sí. Ella presionó el botón para el semáforo de peatones, esperó a que cambiara y comenzó a cruzar. Estaba a mitad de camino en el segundo carril cuando un camión mezclador de concreto hizo un giro amplio a la derecha y la golpeó. El camión pesaba 19,500 kilos. El conductor, sentado más alto que la calle, nunca la vio, nunca frenó. Ella murió al instante.

Cuando los investigadores de accidentes que mi socia contrató examinaron el camión, encontraron que la compañía de concreto había instalado un dispositivo posterior a la venta en la parte superior del lado derecho del tablero, bloqueando parcialmente las líneas de visión del conductor al mirar hacia abajo y a la derecha. Su propósito era permitir al conductor ajustar la presión de los neumáticos dependiendo de la superficie de conducción. Los expertos que contratamos dicen que absolutamente no debería haberse instalado allí y no tenía por qué haberse hecho. Señalamos su presencia a la policía, y su análisis concluyó que la obstrucción del tablero bloqueaba aproximadamente el 75 por ciento de la vista del conductor al realizar un giro a la derecha.

Después de semanas, la compañía acordó voluntariamente retirar el dispositivo de cientos de camiones.

Ese no era el final de nuestros esfuerzos buscando responsabilidad ante la muerte de mi madre por parte de la compañía y el conductor que creemos es copartícipe de ello. Nuestra familia quiere asegurarse de que lo que le sucedió a Big Sissy nunca se olvide.

Como detallé en la Parte 1, salimos del proceso de justicia penal sintiéndonos extremadamente defraudados por los resultados. Debido a un simple error de un oficial de policía, el conductor no enfrentó consecuencias más allá de una multa de tráfico de $180 USD. Nuestras circunstancias eran inusuales, pero nuestra experiencia no lo fue; muchas familias que han soportado la trágica muerte o la lesión catastrófica de un ser querido encuentran que el trauma se ve agravado por una profunda decepción en el sistema de justicia penal.

Pero eso no tiene por qué ser el final de tus esfuerzos por buscar responsabilidad o compensación ante tu pérdida. Tampoco impide que la familia encuentre algo positivo en la pérdida o recuerde a su ser querido como algo más que una víctima.

Existe el sistema de justicia civil, un ámbito en el que la familia
—no la policía ni los fiscales— controla la búsqueda de responsabilidad. Comenzaremos la Parte 4 explorando el propósito de
este sistema y cómo funciona, y la cerraremos discutiendo otra
dimensión importante al sobrellevar las consecuencias permanentes de lo que han soportado: el legado de tu ser querido.

CAPÍTULO 13

Responsabilidad

Las consecuencias financieras y emocionales de la trágica muerte o lesión catastrófica de un ser querido son enormes. Tantos gastos, tanta turbulencia, tanta angustia —y todo porque alguien más tomó una decisión que causó un gran daño.

Como discutimos en la Parte 1, el sistema de justicia penal existe para servir a los intereses de la sociedad, no específicamente a los de una familia. Cumple un papel esencial, pero no se acerca a abordar la totalidad de las consecuencias que puedes estar enfrentando. No está diseñado para hacerlo.

El sistema de justicia civil sí lo está. No es una vía que todas las familias eligen perseguir, o puedan. Tiene sus propias fortalezas y debilidades. Y aunque no proporciona todas las respuestas y existen posibles desventajas, riesgos y limitaciones, es importante entender el poderoso papel que la familia puede desempeñar, lo que un caso civil puede lograr y cómo funciona.

¿QUIÉN TIENE LA CULPA?

El hecho de que tu ser querido haya sido asesinado o lesionado no significa necesariamente que pueda acceder al sistema de justicia civil. Su propósito es proporcionar compensación cuando alguien más ha hecho algo mal.

Si tu ser querido fue el único en un automóvil, se quedó dormido al volante y se salió de la carretera, el resultado puede ser un terrible accidente —pero eso no significa que haya un caso civil. Solo hay un caso civil si otra persona fue responsable de causar el daño.

La culpa importa, y puede complicarse. El ejemplo clásico es una persona que muere en una intersección porque otra persona se saltó una luz roja. Eso implica culpabilidad. Pero, ¿qué pasa si la persona que tenía la luz verde iba a exceso de velocidad? ¿Cómo equilibrar los dos lados?

La respuesta varía según el estado porque las leyes en cada estado pueden ser diferentes. Pero en la gran mayoría de los estados, puedes presentar una reclamación civil si la culpa de la otra persona es mayor que la tuya. Algunos estados —y Florida es uno— tienen una regla llamada "negligencia comparativa pura". Eso significa que incluso si tú eres responsable en un 99 por ciento de lo que sucedió, puedes recuperar el 1 por ciento de tus daños de la otra persona, aunque ellos solo tuvieron un 1 por ciento de la culpa.

Qué Significa "Culpa"

Cuando digo "culpa", ¿qué significa, legalmente hablando? El término técnico es "negligencia": alguien actuando de manera irrazonable bajo las circunstancias. Ese es el umbral mínimo para un caso civil. No significa que hayan actuado intencionalmente, que se propusieron dañar a otra persona. Puede que alguien se pase una luz roja pero no tuviera la intención de lastimar a otra persona; eso también es negligencia. Pasarse la luz roja fue negligente porque fue irrazonable. Debería haber actuado mejor.

En la Parte 1, hablé sobre la importancia de realizar una investigación propia de lo que sucedió y no depender completamente de la policía. Por eso. Si no puedes demostrar que la otra persona tuvo la culpa —mediante evidencia en la escena, video del incidente, testimonios de testigos o por algún otro medio— entonces puede que no tengas una reclamación bajo el sistema de justicia civil.

DAÑOS

El propósito fundamental del sistema de justicia civil es la compensación por las pérdidas sufridas que fueron consecuencia de la negligencia de otros. La persona responsable de tu pérdida no irá a la cárcel si presenta un caso civil contra ellos; eso solo puede suceder a través del sistema de justicia penal. Pero pueden ser considerados financieramente responsables.

De nuevo, los detalles varían un poco según el estado. Pero en términos generales, hay tres grandes categorías de daños que pueden reclamarse en una demanda civil.

Pérdidas Económicas

Aquí, hablamos de compensación por pérdidas financieras reales: gastos médicos pasados y futuros, salarios perdidos pasados y

futuros, el equipo médico o el cuidado continuo que tu ser querido necesita, cualquier modificación o adaptación a un hogar o
automóvil, y cualquier otro gasto. La mayoría de los estados no
ponen un límite a estos daños; tiene derecho a una compensación completa.

Pérdidas No Económicas

La idea de una sociedad civilizada es que cuando alguien sufre
a manos de otro, no buscamos compensación a través de la venganza o retribución, ni tomamos un "ojo por ojo". En cambio,
ponemos un valor monetario a la totalidad del daño que se ha
causado. Eso incluye valorar las pérdidas no económicas, como
dolor, sufrimiento, duelo, pérdida de guía y apoyo, pérdida de
compañía, pérdida del disfrute de la vida, angustia emocional o
inconveniencia, discapacidad física y desfiguración, entre otros.
Todos sabemos que el dinero no puede realmente compensar
a una familia que ha sufrido una pérdida trágica; no hay un
número para lo que mi familia ha pasado desde que mi madre
murió atropellada. Pero como sociedad, hemos elegido la compensación sobre la venganza —y es la decisión correcta.

Desafortunadamente, muchas legislaturas estatales han promulgado leyes que ponen límites o topes a los daños no económicos.
No puedo imaginarme que esos políticos involucrados en la aprobación de estas leyes hayan experimentado alguna vez la pérdida
insensata e innecesaria de un miembro cercano de la familia causada por la negligencia de alguien. ¡Si lo hubieran hecho, sabrían
lo insultante que es un tope comparado con la pérdida real!

Cuando se promulgaron estos topes —generalmente hace veinte
a treinta años— el número estándar era $250,000 USD. Algunos

han sido ajustados con el tiempo por la inflación. En Colorado, por ejemplo, el tope que se estableció en $250,000 USD en 1986; era de $613,760 USD en 2021. Florida es un ejemplo de un estado sin tal tope. Así que, en Florida y otros estados sin topes, tienes la posibilidad de recuperar lo que el jurado en su caso determine que es la cantidad justa de compensación necesaria para igualar el valor de las pérdidas sufridas, aunque el juez tiene la autoridad de reducir la cantidad si así lo desea.

Daños Punitivos

La tercera forma de daños —daños punitivos, a menudo referidos como "daños ejemplares"— están destinados a ir más allá de la compensación. Están destinados a enviar un mensaje: castigar a la persona culpable y disuadir a otros de actuar de la misma manera. Los daños punitivos solo están disponibles para conductas intencionales, deliberadas, temerarias o imprudentes. No puedes recuperar daños punitivos por conductas que solo son negligentes.

Muchos estados ponen un límite a los daños punitivos, y existen limitaciones constitucionales también. En ausencia de un tope, la mayoría de los tribunales considerarán daños punitivos de hasta diez veces la cantidad total de los daños económicos y no económicos (o compensatorios). Cualquier cosa por encima de eso probablemente será considerada irrazonable e incluso inconstitucional. Si le otorgaron $100,000 USD por facturas médicas y $100,000 USD por dolor y sufrimiento, cualquier cosa por encima de $2 millones USD en daños punitivos, o diez veces sus daños compensatorios totales, es poco probable que se mantenga.

Algunos estados limitan los daños punitivos a uno por uno: los daños punitivos no pueden exceder los daños compensatorios. Y en muchos estados, una parte de los daños punitivos realmente va al gobierno. ¿Por qué? Supongo que porque es el gobierno, y eso es lo que hacen.

Leyes de Muerte por Negligencia

A diferencia de los principios generales de negligencia, que se aplican ampliamente en todo el país, los casos que involucran una muerte por negligencia están cubiertos por leyes que varían de manera significativa de un estado a otro. Es complicado. Las leyes estatales difieren en términos de quién es elegible para presentar una reclamación de muerte por negligencia y qué daños son recuperables. Los topes en los daños pueden ser diferentes que en los casos generales de negligencia. En algunos estados, solo el representante personal del patrimonio de la persona que murió puede presentar una reclamación; en otros, los herederos sobrevivientes identificados específicamente en la ley de muerte por negligencia del estado pueden hacerlo. En términos generales, eso significa el cónyuge, los hijos y en algunas instancias donde no hay cónyuge sobreviviente o hijos, los padres de la persona que murió. En Colorado, el representante personal designado del patrimonio de la persona que murió tiene derecho a presentar una reclamación por gastos médicos y funerarios. Los miembros de la familia inmediata identificados por la ley de muerte por negligencia del estado pueden presentar una reclamación por apoyo financiero perdido, así como por pérdidas no económicas como duelo y sufrimiento, pérdida de apoyo emocional y guía. Si un padre muere y estaban apoyando a sus hijos a través de su trabajo, entonces los hijos tienen derecho a una compensación por el dinero que habrían recibido del padre fallecido si ese padre hubiera vivido hasta la expectativa de vida completa; también tendrían derecho a una compensación por su duelo y pérdida de apoyo emocional y guía.

El ejemplo de Colorado es solo eso —un ejemplo. El punto importante es que necesitas consultar la ley vigente en el estado donde ocurrió la muerte para entender qué es posible. Tu ser querido podría haber vivido en California, pero si murió en un accidente mientras cruzaba Kansas, es la ley de Kansas la que se aplica.

LEYES DE MUERTE POR NEGLIGENCIA POR ESTADO

Encontrarás una lista de leyes de muerte por negligencia por estado en el Apéndice 8. No sientas que tienes que contratar a un abogado solo para entender estas leyes. Solo hay una ley de muerte por negligencia en cada estado, y aunque puede ser un poco extensa, deberías poder comprender lo que significa para presentar un caso de muerte por negligencia en tu estado. (También puedes encontrar la misma lista con enlaces a las leyes reales en mi sitio web, KyleBachus.com).

PLAZOS

Cuando se trata de presentar una reclamación civil, el tiempo es esencial. No es que necesites hacerlo en el momento inmediato después de tu pérdida; mi punto es que el plazo para presentar un caso puede variar con las circunstancias; si lo pierdes, no hay una segunda oportunidad.

Cada estado tiene lo que se llama un "estatuto de limitaciones" para presentar casos de negligencia que involucran lesiones o muerte. Si no cumples con el plazo establecido por la ley, pierdes tu reclamación para siempre. Eso significa que o has resuelto tu caso a través de una negociación, o tienes que preservar oficialmente tu reclamación presentando una demanda formal en el juzgado correcto contra las personas y entidades correspondientes antes del plazo establecido por la ley. En su mayoría, no hay margen de maniobra. ¿Por qué? Porque las legislaturas decidieron que después de que haya pasado cierta cantidad de tiempo, una persona o empresa responsable de lesionar o matar a otra debería poder dejar de mirar por encima del hombro y avanzar con un sentido de finalización. La evidencia envejece, los testigos siguen adelante, y no es justo para la parte responsable estar atormentada por la perspectiva de una demanda durante décadas.

En términos generales, el calendario para presentar un caso de lesiones es más largo en comparación a cuando estos involucran muerte. Eso se debe a que cuando alguien está lesionado, puede tomar tiempo determinar el alcance de sus lesiones, la duración anticipada de su recuperación y todos los costos probables. Pero en casos de muerte, el estatuto de limitaciones comienza a correr tan pronto como el día en que ocurrió el incidente que causó la muerte.

En cuanto a los plazos en sí, los detalles están por todas partes. No cometas el error de asumir que los plazos en su estado son los mismos que en otro, y ciertamente no confíes en el boca a boca o en lo que lees en las redes sociales.

El Estado y los Detalles Importan

Algunos estados tienen estatutos de limitaciones tan cortos como un año; para otros, puede ser tan largo como cuatro. Diría que el promedio es de aproximadamente dos años — pero eso es solo una tendencia general. No bases ninguna de sus decisiones en eso.

Permítime darle un ejemplo de lo complicado que puede ser esto. Supongamos que tu ser querido está en Colorado, y se lesiona en un accidente causado por un conductor ebrio que acababa de salir de un bar, en donde sabían que estaba ebrio y lo dejaron conducir de todos modos.

El estatuto de limitaciones para presentar una reclamación contra el conductor es de tres años. Para el bar, es de un año. La ley también dice que no puedes presentar más de un caso, por lo que tienes que presentar todas sus reclamaciones contra todos al mismo tiempo. Y eso significa que su plazo es efectivamente de un año.

Aquí hay otro ejemplo. Supongamos que eres golpeado por un autobús municipal mientras cruzas una calle en Denver. Bajo la ley de Colorado, debes notificar a la entidad gubernamental de la ciudad o del estado sobre tu intención de presentar una reclamación de negligencia dentro de los siguientes 180 días. ¿Qué pasa con el estatuto de limitaciones de tres años en casos que involucran a un conductor? No es el único plazo que puede aplicarse cuando el gobierno está involucrado. Primero, debes cumplir con el plazo de notificación de 180 días, y luego se requiere que resuelvas la reclamación o presentes una demanda formal para preservar las reclamaciones contra el conductor del autobús y la municipalidad antes del plazo de tres años del estatuto de limitaciones.

Recibimos mucha nieve en invierno. Supongamos que alguien no despeja la acera, y tú te resbalas, caes y sufres una lesión cerebral catastrófica en propiedad privada. Eso está cubierto bajo una ley diferente, y tu plazo para presentar una reclamación probablemente sea de dos años.

Un ejemplo más para enfatizar el punto. Supongamos que la persona que fue golpeada por el conductor ebrio en el primer ejemplo tenía solo dieciséis años. Debido a que la persona lesionada es menor de edad, el estatuto de limitaciones para las lesiones del menor no comienza a correr hasta que cumplan dieciocho años. Tienen dos años desde su cumpleaños dieciocho o tres años desde la fecha del accidente, lo que sea el período más largo. Así que, en realidad, tendrían cuatro años para presentar una reclamación porque sus opciones no expiran hasta que cumplan veinte. Pero... las facturas médicas incurridas por el menor lesionado mientras tenía entre dieciséis y dieciocho años son, legalmente hablando, la obligación de sus padres, por lo que la reclamación para recuperar esos gastos de la persona culpable es en realidad la reclamación de sus padres (que no son menores), y su estatuto de limitaciones comienza a correr el día de la colisión.

Las mismas variables y consideraciones pueden aplicarse en casos que involucran muerte también. ¿La diferencia clave? Como he dicho, el estatuto de limitaciones en casos que involucran muerte suelen ser más cortos.

Y eso es solo en Colorado. En Louisiana, ni siquiera puedes demandar a un bar que sirvió demasiado alcohol al conductor ebrio. No son responsables bajo la ley, solo el conductor lo es. Necesitas asumir que las leyes de ese estado son diferentes.

En resumen: es extremadamente importante identificar los plazos relevantes para tus circunstancias para que no te encuentres perdiendo tu caso antes incluso de comenzar.

Consecuencias para las Familias

Una implicación de esto es que puedes necesitar tomar decisiones sobre perseguir una reclamación civil en un momento en que aún te sientes a flor de piel y fuera de centro por la pérdida que has soportado. Pero puedes sentirte consolado al saber que simplemente tomarse el tiempo para determinar los plazos en tus circunstancias no te compromete a tomar alguna acción.

Puedes hacer una búsqueda en Google para el estatuto de limitaciones en tu estado. Pero, como he dicho, necesitas tener cuidado porque puede haber un matiz en sus circunstancias que haga toda la diferencia —especialmente si el gobierno está involucrado.

Tu fuente de información más confiable es un abogado experimentado que se especialice en casos de lesiones personales y muerte y que conozca cómo examinar de cerca las leyes en el estado donde ocurrió la lesión o muerte. No un abogado de práctica general; un especialista. Tienen que conocer los matices porque lo que está en juego es muy importante. Si un abogado acepta un caso y no lo presenta dentro del estatuto de limitaciones relevante, entonces su caso se pierde y han cometido negligencia profesional. La mayoría de los abogados que se especializan en esta área manejan estos detalles todos los días.

Estas no son preguntas que el fiscal en un caso penal o tu defensor de víctimas pueda responderte. No se especializan en casos civiles, y probablemente se negarán a incluso ofrecer sus pensamientos sobre los plazos porque no quieren asumir la responsabilidad de dar información incorrecta.

LÍMITES PRÁCTICOS A LA RESPONSABILIDAD

La persona o empresa responsable de matar a tu ser querido o causarle daño puede ser legalmente responsable de lo que hicieron, y la ley puede requerir que le compensen. Pero hay una realidad práctica que puede limitar su capacidad para recuperar sus pérdidas: si está en bancarrota, puede que solo recupere lo que proporciona la póliza de seguro de responsabilidad civil de automóvil o de propiedad. En el caso de negligencia médica, es el seguro por mala praxis. En cualquiera de estos casos, se trata de un instante: ¿cuánta cobertura de seguro tenían los responsables de tu pérdida el día y la hora en que ocurrió el incidente?

Cuando hablamos de lesiones catastróficas o muerte, en la mayoría de los casos, el seguro disponible es sorprendentemente insuficiente. En Colorado, la cobertura mínima de responsabilidad por lesiones corporales requerida en tu automóvil es de solo $25,000 USD. Esa es una póliza legal. Siempre habrá personas que compren la cobertura mínima requerida, ya sea porque no creen que le harán daño a nadie o porque no tienen activos que proteger. Es todo lo que pueden pagar.

Cuando un cliente trae un caso a nuestra oficina, lo primero que buscamos descubrir, después de identificar a quien creemos que puede tener la mayor culpa, es el monto total combinado de seguro de responsabilidad que esas personas responsables de la pérdida tenían al momento del incidente. Lo siguiente que buscamos son los activos de la persona o la empresa que causó la pérdida. ¿Será eso suficiente para cubrir la brecha entre los límites de la póliza de seguro y la compensación que se debe? Tal vez el conductor solo tenía $25,000 USD en cobertura — pero si estaban en el trabajo y conduciendo para Amazon, esa es una historia diferente porque Amazon sería responsable de su conducta.

En términos generales, las personas y empresas con más activos compran más seguros. Tienen más que perder. La mayoría de las empresas tienen al menos $1 millón USD en cobertura, y muchas tienen de diez a cincuenta veces esa cantidad en cobertura combinada. Pero al final del día, si los culpables tienen un seguro mínimo y no tienen activos, es muy poco probable que recuperen la cantidad completa que se debe por el daño que causaron.

Supongamos que demandas a un conductor que se pasó una luz roja y mató a tu ser querido, luego descubre que solo tiene $25,000 USD en seguro. Tú dices, "No, no voy a aceptar eso," y lo llevas a la corte. Podrías ganar un juicio de un millón de dólares, y es dinero que legalmente te deben. Pero al final, es solo un pedazo de papel. Tu seguro pagará los primeros $25,000 USD, y la persona responsable de tu pérdida te debe los $975,000 USD adicionales. Puedes ir tras sus activos, pero si no pueden cubrir lo que se debe y están calificados para declararse en bancarrota, pueden contratar a un abogado de bancarrota por un par de miles de dólares y librarse de su deuda. Un juicio civil es como una deuda de tarjeta de crédito; queda por detrás en la jerarquía de deudas garantizadas como una hipoteca o un préstamo de automóvil, así que una vez que esas deudas se pagan, puede que descubra que no queda nada. Has ganado —pero en algunos casos, es una victoria vacía.

Por eso es importante tratar de averiguar tanto como sea posible sobre los límites de seguro y los activos lo antes posible y ciertamente mucho antes de que el caso termine en la corte. Esto puede sonar un poco abrumador, pero para los abogados que se especializan en esta área, es parte de lo que hacen por los clientes todos los días.

Hay excepciones. Si bebes y conduces, luego matas o lesionas a alguien, no puedes escapar del juicio contra ti declarando bancarrota. Serás responsable de ello por el resto de tu vida. Lo mismo es cierto en muchos estados respecto al homicidio doloso, lo que significa causar una muerte por conducta intencional y temeraria. Y, por supuesto, solo puedes declarar bancarrota si realmente no tienes los activos para cubrir lo que se debe. Como muchos abogados de primer nivel, hemos tenido éxito en organizar pagos continuos de personas que tienen activos pero apostaron por conducir con un seguro mínimo. Aún así, en la mayoría de los casos, la bancarrota es probablemente una opción para la persona que enfrenta un juicio considerable.

EL FONDO DE LA CUESTIÓN

Buscar responsabilidad fuera del sistema de justicia penal representa una oportunidad significativa para que las familias se recuperen financieramente por sus pérdidas y sufrimiento —pero aquellos que lo persiguen necesitan estar conscientes de las limitaciones prácticas que pueden impactar cuánto pueden recuperar. Dicho esto, perseguir una reclamación civil puede ser una elección empoderadora porque, a diferencia del sistema de justicia penal, el sistema de justicia civil pone a la persona lesionada o su familia (en caso de muerte) en control del proceso. A continuación, examinaremos en detalle cómo funciona el sistema de justicia civil.

CAPÍTULO 14

El Sistema de Justicia Civil

Ciertamente, no estoy aquí para criticar el sistema de justicia penal, pero la realidad es que, en el caso de mi madre, ese sistema no logró entregar nada que se acercara a la medida de responsabilidad aceptable para mi familia. Permíteme reiterar las razones por las que lo digo, recopilando aspectos de tu caso que he discutido en otras partes de este libro.

Mi madre fue asesinada de una manera espantosa y terriblemente violenta. Nos dejó a mí, a mi hermana y a mi hermano, a nuestros cónyuges, a todos nuestros hijos, a sus dos hermanas y a sus familias con un vacío enorme en nuestra familia. El sistema de justicia penal no presentó cargos contra la compañía que operaba el camión que la mató y, al final, solo hubo una multa de tráfico de $180 USD para el conductor. Y mi madre fue asesinada mientras hacía exactamente lo que se suponía que debía hacer: cruzar una calle en el paso de peatones, a plena luz del día, con la señal de peatones en verde. No hay ambigüedad sobre lo que sucedió. Todo fue capturado en video.

Luego, nuestra propia investigación reveló que la compañía había instalado un dispositivo posterior a la venta en el tablero de sus camiones de concreto que, según nuestros expertos, impedía que sus conductores vieran mientras realizaban giros a la derecha en áreas urbanas.

Desde nuestra perspectiva, el daño y las consecuencias no se correspondían en absoluto. Mi madre ya no está aquí para hablar por sí misma, y el sistema de justicia penal apenas levantó una voz en su nombre.

Afortunadamente, eso no tiene que ser el final para nosotros porque el sistema de justicia civil también está ahí. Nos proporciona la oportunidad de ser escuchados —de que ella sea escuchada— de una manera significativa que podemos dirigir y controlar.

Presenta la misma oportunidad para cada familia que ha soportado la trágica muerte o lesión catastrófica de un ser querido causada por la negligencia de otra persona.

LAS DOS ETAPAS DE UN CASO CIVIL

No quiero que pienses que decidir presentar un caso civil significa que tendrás que terminar en una sala de audiencias pública, en un juzgado público, contigo y tu familia repasando y reviviendo los detalles espantosos de su pérdida, y luego esperando que un jurado emita un veredicto que en realidad no controlas.

Puede significar eso. Pero la gran mayoría de los casos civiles no terminan con un veredicto de jurado. Terminan en un acuerdo privado en algún punto del proceso, pero antes de que siquiera comience el juicio civil. De hecho, muchos se resuelven antes de que se presente una demanda formal. Eso se debe a que un abogado puede construir un caso y presentarlo a los responsables, sus compañías de seguros y sus abogados, para negociaciones informales de una manera que deja claro que, si el caso no se resuelve justamente, una demanda está por venir.

¿Qué implica realmente resolver un caso? Significa firmar documentos que acuerdan liberar a la persona u organización que tiene la culpa y a su compañía de seguros de cualquier responsabilidad financiera adicional hacia ti a cambio de una cantidad negociada que se te pagará. En casi todos los casos, algunos aspectos del acuerdo son confidenciales —típicamente, al menos, la cantidad en dólares del acuerdo. Puede ser de interés para la familia mantener la cantidad del acuerdo en privado, aunque solo sea para protegerlos de amigos o parientes lejanos que hagan suposiciones y pidan dinero. (Sí, eso realmente sucede). Para algunas familias, la confidencialidad es aceptable; para otras, no lo es. Siempre es un asunto de negociación.

Dependiendo de las circunstancias, un acuerdo es el resultado preferido para muchas familias. Elimina el riesgo de perder en casos donde los eventos están en cuestión, la importancia de las lesiones de tu ser querido están en duda, o hay un problema de culpa comparativa, como discutí en el Capítulo 13, que deja a dos partes señalándose mutuamente con el dedo. Pero incluso si ninguno de estos problemas está en disputa, muchas familias pueden lograr un acuerdo que demuestre una verdadera responsabilidad por parte de los culpables, evita costos, tiempo y el desgaste emocional de ir a juicio —incluyendo la necesidad de revivir los detalles de los eventos en una sala de audiencias pública y que el valor de tu dolor se convierta en un asunto de debate. Y si hay una compañía involucrada, un acuerdo puede crear una oportunidad para que insistas en cambios en sus prácticas como parte de un acuerdo que un juez y un jurado no podrían ordenar.

¿Qué argumenta en contra de un acuerdo temprano? Tal vez la familia no considera que una pequeña póliza de seguros sea suficiente para equilibrar su pérdida; quizás quieran averiguar todo lo que puedan sobre los hechos y detalles de lo que sucedió antes de decidir si resolver el caso más adelante. Presentar una demanda obligará a las otras personas involucradas a dar declaraciones bajo juramento. El mero acto de presentar una demanda crea un documento público que, al menos, pone sus alegaciones en registro.

No estoy sugiriendo que una vía sea necesariamente mejor que la otra. Depende de las circunstancias. Pero sí creo que es importante saber que la mayoría de los casos terminan en un acuerdo, no en un juicio. También creo que es importante entender cómo funciona el proceso de justicia civil antes de tomar tu decisión.

El sistema de justicia civil sirve para empoderarte en la búsqueda de responsabilidad por tu pérdida. No creo que nadie deba tomar una decisión sobre cómo proceder mejor sin entender completamente las oportunidades y los beneficios significativos, así como los costos y riesgos potenciales que presenta.

Lo Que Tu Abogado Puede Hacer

Un bufete de abogados bien establecido que se especializa en derecho de lesiones personales puede armar lo que equivale a una vista previa del caso antes de tomar una decisión sobre si proceder con una demanda o un acuerdo. Eso puede comenzar con una investigación independiente para recopilar evidencia de la escena. Hablé de lo que eso implica en el Capítulo 1.

También evaluarán las perspectivas de recuperar compensación por su pérdida. Algunos estados permiten que cualquier persona involucrada en un accidente automovilístico envíe una carta certificada a la compañía de seguros de la persona que causó el accidente para determinar su cobertura de seguro. Tu abogado también puede investigar cualquier otra póliza de seguros que pueda cubrir el evento, incluyendo su propia cobertura de seguros. Harán lo que puedan para evaluar los activos de la persona o la compañía que causó la pérdida, a través de medios como registros de propiedades o presentaciones corporativas. Consultarán con los proveedores médicos y otros expertos a los que recurrirían en el tribunal para entender cómo podría ser su testimonio.

Tu abogado debe tener la formación y experiencia para aconsejarte sobre el mejor curso de acción. Eso se basa tanto en ti como en el propio caso; un buen abogado tendrá en cuenta la dinámica familiar, las necesidades y deseos de su familia. Encontramos que las personas que intentan tomar decisiones sobre cómo proceder consideran muchos factores, a veces incluyendo su empatía por la persona responsable de su pérdida. Eso es menos frecuente en casos que involucran muerte o lesiones catastróficas, donde el valor de los daños es tan alto. En esas circunstancias, aconsejo encarecidamente a mis clientes que, como mínimo, persigan las reclamaciones necesarias para recuperar de todas las pólizas de seguros disponibles.

Cómo Tu Abogado Recibe Pago

Lo último que una familia atrapada en las secuelas de una muerte por negligencia o una lesión catastrófica necesita es comenzar a pagar a un abogado $250 USD a $500 USD por hora para armar y perseguir una reclamación civil. De hecho, las familias que luchan con tal pérdida son más propensas a haber sido lanzadas por el evento a su peor posición financiera, no a su mejor. Ahí es donde entra en juego el sistema de honorarios de contingencia. Lo cubrí brevemente en el Capítulo 1, pero vale la pena repetirlo aquí.

Un abogado de lesiones personales que considera tu caso está básicamente tomando una apuesta informada sobre su probable resultado. No tienes que reunir dinero para contratarlos. De hecho, también adelantarán los costos de una investigación y, típicamente, aceptarán absorber el costo de su tiempo y la investigación si su caso termina en una pérdida o si decide no perseguir el caso civil al final. En lugar de ser pagados por hora o requerir una tarifa por adelantado, acordarán recibir un porcentaje del dinero que recuperen para ti. Cuanto más recuperen, más se les paga. Su abogado te proporcionará un contrato de honorarios por escrito que firmará y que detallará los términos específicos en tu caso.

Basado en casi treinta años de trabajo en este campo, diría que casi todos los casos de lesiones catastróficas y muerte se manejan de esta manera, sobre una base de honorarios de contingencia. Ahora, la tarifa no es pequeña. Normalmente, es alrededor de un tercio del dinero que recuperan. Eso refleja el riesgo que están tomando y el tiempo que puede tomar resolver con éxito un caso.

Típicamente, cualquier dinero que se recupere va primero al bufete de abogados. Ellos toman su porcentaje, abordan los gastos médicos u otros relacionados con el caso, y pasan el resto a la familia junto con lo que se llama una declaración de distribución del acuerdo que desglosa las cuentas.

PRESENTAR UNA DEMANDA

Supongamos que decidiste no resolver tu reclamación, por cualquier razón. El siguiente paso en el proceso es presentar una demanda y prepararse para el juicio. Como lo discutí en el Capítulo 13, hay plazos para hacerlo que varían según el estado y la circunstancia —y si tu abogado no cumple con uno, perderá el caso antes de siquiera comenzar. Por lo tanto, en la mayoría de los casos de muerte por negligencia, es importante presentar la demanda tan pronto como se complete la investigación previa al juicio de tu abogado, con la evidencia recopilada, los expertos que necesitarás contratados y cómo planeas presentar el caso pensado. Tu abogado te ayudará a determinar cuánto buscar en daños.

En un caso de lesión catastrófica, los plazos para presentar suelen ser más largos. Eso se debe a que puede tomar meses o incluso un año o más para que la recuperación médica llegue a un punto donde las consecuencias futuras puedan ser predichas con precisión. Porque solo puedes presentar una reclamación, quieres estar en una posición para entender y buscar recuperar el pago por todas las pérdidas futuras relacionadas con las lesiones. No es posible realmente hacer eso sin tener una imagen precisa de lo que probablemente depara el futuro en términos de costos médicos y pérdida de salario.

En un caso de lesión catastrófica, si los plazos lo permiten, tu abogado generalmente esperará hasta que tu ser querido esté médicamente estabilizado y haya alcanzado un punto de mejora médica máxima antes de presentar una demanda. En el mundo legal, se llama "mejora médica máxima". Todavía puede haber necesidad de atención médica continua, pero espera hasta que los médicos sepan cuáles son los problemas de tu ser querido, si son permanentes y cuáles son sus posibilidades de recuperación a largo plazo.

Una vez que se presenta una demanda, el sistema judicial toma el control de los plazos. Impondrá fechas límite para mantener el caso en movimiento, incluyendo definir de cuánto son los daños. Si presentas tu caso antes de saber la respuesta, el sistema judicial puede no esperar a que determines tus gastos futuros. Y eso significa que tu reclamación puede quedar por debajo de tus necesidades.

En resumen: no siempre es posible colocarse en la mejor posición antes de presentar una demanda, debido a los plazos que enfrentas. Pero siempre hay que ser objetivos.

LOS TÉRMINOS QUE ESCUCHARÁS

En algunos estados, una demanda se llama formalmente una "queja", y en otros, una "petición". Es un documento, redactado en forma de párrafo y enumerando las alegaciones que estás haciendo contra la persona u organización responsable de tu pérdida. La persona que presenta la demanda se conoce como el demandante y las personas que reciben la demanda son los demandados.

PRIMEROS PASOS

Presentar una demanda solía implicar ir al juzgado y presentar el documento en persona, pero ahora, casi siempre se hace electrónicamente. Cuando se trata de presentar una demanda, eso significa que el juzgado está efectivamente abierto las veinticuatro horas del día.

El siguiente paso en el proceso sigue siendo de la vieja escuela: un oficial del sheriff o un servidor de procesos entregará una copia impresa de tu demanda a las personas que estás demandando. Si hay más de un demandado, entregarán una copia a cada uno de ellos. Es probable que el demandado entregue esto a su compañía de seguros —es lo que deberían hacer— y la compañía de seguros desplegará sus propios abogados para defender el caso. Eso significa que, en términos generales, si la persona que estás demandando tiene seguro, no están pagando a los abogados. Su compañía de seguros lo está haciendo.

El abogado contratado por la compañía de seguros del demandado tiene que unirse formalmente al caso —eso se llama "entrar en apariencia"— y enfrentará una fecha límite inicial para responder a cada uno de los párrafos, o alegaciones, en tu demanda. Esto se llama una "respuesta".

Responderán a cada párrafo o alegación numerada de una de tres maneras:

1. Pueden admitir que lo que se afirma en el párrafo es cierto.

2. Pueden negar que sea cierto.

3. Pueden decir que aún no pueden responder porque no tienen suficiente información.

De nuevo: si hay más de un demandado, cada uno tiene que presentar su propia respuesta.

Todo lo que admiten está terminado, en lo que respecta al caso. Todo lo que niegan o dicen que aún no pueden responder forma el marco de lo que tú argumentarás en el tribunal. Encontramos que la mayoría de los abogados defensores siempre elegirán las opciones dos o tres porque no quieren admitir nada al principio de una demanda. Podrían ni siquiera admitir la afirmación de que el accidente ocurrió en una cierta fecha, diciendo que aún no tienen ese conocimiento.

Esto puede ser molesto para las familias, que esperan que el demandado admita cosas que saben que son ciertas. Pero es una táctica común porque una vez que los abogados defensores han admitido algo, es muy difícil para ellos retractarse.

Una vez que todos los demandados han presentado sus respuestas, tu demanda se considera —en términos legales— "en cuestión". En términos generales, en esa etapa, el juez típicamente convocará una reunión inicial con los abogados de todas las partes en la que el juez expondrá sus planes para manejar el caso. Esto a menudo se denomina conferencia inicial de manejo de casos.

EL PAPEL DEL JUEZ

Al igual que en un caso penal, el juez es efectivamente el rey o la reina de una demanda civil a medida que esta avanza. Una vez que se asigna un juez a tu caso, él o ella asume el papel de participante imparcial, el árbitro de las disputas y el director del proceso a medida que se desarrolla. Pero como regla general, cuando un caso va a juicio, es el jurado quien decide los temas en disputa y da el veredicto.

EL PROCESO DE DESCUBRIMIENTO

La siguiente etapa en el caso es el proceso de descubrimiento. Ese es el nombre formal para el período en el que ambas partes pueden descubrir tanto como puedan sobre el caso de la otra parte.

El Lado Escrito del Descubrimiento

Las reglas varían de estado a estado, pero el descubrimiento típicamente comienza con un intercambio de preguntas escritas que deben ser respondidas bajo juramento. Estas se llaman "interrogatorios". Si presentas una demanda civil, es muy probable que tengas que responder las preguntas escritas de la otra parte. Debido a que las respuestas se dan bajo juramento, pueden ser usadas en el tribunal como si estuvieras sentado allí en el estrado, dando testimonio.

Si las preguntas escritas son la primera herramienta que los abogados usan en el proceso de descubrimiento, las solicitudes de documentos son la segunda. Se llaman "solicitudes de producción". En un caso de lesión, por ejemplo, la defensa pedirá todos los registros médicos y facturas resultantes del incidente. En un caso como el de mi madre, solicitaríamos documentación sobre quién tomó la decisión de poner dispositivos posteriores a la venta en los tableros de sus camiones mezcladores de concreto, así como el historial del conductor y la capacitación que recibió.

Una tercera herramienta en el proceso es lo que se llama una "solicitud de admisiones". Esa es una solicitud formal a la que la otra parte debe responder. Tu abogado podría enviar una solicitud formal al demandado para que admita que fueron la única causa del accidente. Si lo hacen, esa respuesta es vinculante durante la duración del caso.

En algunos estados, y en todos los casos federales, hay una exigencia automática de revelar cierta información al inicio del caso, en lugar de requerir que la otra parte pregunte.

El Lado Oral del Descubrimiento

El lado oral del proceso de descubrimiento, que viene a continuación, es una gran parte de un caso civil. Estos involucran responder preguntas de los abogados de la otra parte, bajo juramento, con un reportero del tribunal y tal vez una cámara de video grabando cada palabra que se dice. Esto es lo que se llama una "deposición".

En un caso penal, que cubrí en el Capítulo 2, el demandado no puede ser obligado a testificar en el tribunal. Es una protección constitucional. Pero un caso civil es diferente: incluso si una persona involucrada en el caso no quiere responder preguntas bajo juramento, pueden ser citados para presentarse a una deposición. En la mayoría de los estados, hay un límite en el tiempo que pueden ser obligados a responder preguntas.

UN TÉRMINO QUE PODRÍAS ESCUCHAR

Una citación es un documento que un abogado puede emitir para requerir que alguien dé testimonio o produzca documentos en una deposición o en el tribunal.

Una cosa que una familia debe considerar es que, si presentan una demanda civil, es probable que los que reclaman daños tengan que dar testimonio en una deposición. El intercambio es usualmente valioso porque el derecho de demandar deposiciones de los demandados y testigos puede ser una herramienta muy empoderadora para una familia que busca respuestas. La persona responsable de su pérdida puede ser compelida bajo juramento a explicar lo que sucedió. Un supervisor o compañero de trabajo del demandado que tal vez no quiere presentarse voluntariamente con información puede ser compelido a responder preguntas.

En una deposición, los abogados de ambas partes están presentes. Ellos harán las preguntas, y si su cliente está en el extremo receptor, pueden objetar a ciertas preguntas si las reglas que rigen el proceso lo permiten. Pero en una deposición, la mayoría de las objeciones no impiden que el testigo responda la pregunta. Simplemente ponen la objeción en registro para que el juez la considere más tarde en el juicio.

¿Qué pasa si alguien se niega a responder preguntas en un caso civil? Para los demandados, puede ser considerado en su contra. El juez instruirá a los jurados para que asuman que sus respuestas no habrían sido en su mejor interés. Un juez también puede mantener a cualquiera que se niegue a responder preguntas en desacato al tribunal, y podrían enfrentar la cárcel.

Los Costos del Descubrimiento

El proceso de descubrimiento no se activa hasta que realmente se presenta una demanda civil —y puede ser costoso. El costo promedio de una deposición, una vez que ha pagado al reportero del tribunal, al videógrafo y al transcriptor de la deposición, está alrededor de $1,000 USD. Si tienes un abogado que está trabajando sobre una base de honorarios de contingencia, ellos adelantarán el costo. Pero lo recuperarán de cualquier compensación que se te otorgue, además de su honorario de contingencia. (Una forma de verlo es como partes y mano de obra para una reparación de automóvil. Los costos cubren las partes, y la mano de obra cubre el trabajo para instalarlas).

El costo total estimado de llevar tu caso civil a juicio debería ser un factor que consideres al decidir si resolver tu caso o proceder. Tu abogado debería ser capaz de proporcionarte un rango estimado de los potenciales costos.

Los Costos de los Expertos

La parte más cara de un caso civil son los expertos que tu abogado contrata para evaluar las circunstancias del accidente o incidente que llevó a tu pérdida y los daños resultantes.

Tu abogado puede haber retenido a un ingeniero profesional o a un experto en reconstrucción de accidentes para determinar la cadena de eventos que llevó a tu pérdida y quién tuvo la culpa. Puedes contratar a un economista para calcular los salarios perdidos futuros con una rigurosidad que haga que la cifra sea admisible en el tribunal o a un contador forense para testificar sobre los ingresos vitales perdidos de tu ser querido y lo que cada miembro de la familia habría recibido. Un experto en rehabilitación vocacional podría ser requerido para explicar los costos y el proceso involucrado en la reentrenamiento de la persona que ha sido lesionada.

En un caso que involucra lesiones, uno o más de los proveedores de atención médica también tendrán que testificar. Muchas de sus opiniones pueden obtenerse de los registros médicos, pero tu abogado aún necesitará reunirse con ellos porque si el caso termina en el tribunal, los médicos tendrán que testificar sobre las razones detrás de su tratamiento, qué causó la necesidad del tratamiento y sus opiniones médicas sobre lo que depara el futuro. Un neurocirujano o un médico de emergencias están interesados en practicar medicina, no en testificar ante un tribunal, por lo que podrían cobrar $1,000 USD por hora solo por reunirse con ellos. Después de todo, no pueden ver pacientes o realizar cirugías cuando están reuniéndose con tu abogado.

Todos estos expertos pueden ser muy costosos. Y si fueron retenidos específicamente para testificar en el caso, típicamente estarán obligados a proporcionar un informe escrito de sus opiniones para ser revelado a la otra parte —que, después de todo, puede haber retenido a su propio experto en reconstrucción de accidentes, por ejemplo, para explicar la conducta del conductor o afirmar que otra persona fue, al menos, parcialmente responsable de lo que sucedió. Preparar tal informe puede costar varios miles de dólares. De nuevo, la buena noticia es que el bufete de abogados debería estar cubriendo estos costos en tu nombre. Tu familia no tendrá que pagar por los expertos de su propio bolsillo. Los abogados serán reembolsados con cualquier acuerdo que resulte al final.

EL CORTE DE DESCUBRIMIENTO

Una vez que se han compartido las opiniones de los expertos, eso desencadena una segunda ronda de deposiciones —porque ahora cada parte está cuestionando a los expertos de la otra parte bajo juramento.

Pero en algún momento hay una fecha límite, una fecha de corte de descubrimiento ordenada por el juez, en la que todo lo que se va a presentar en el tribunal ha sido revelado a la otra parte, y viceversa.

El período de descubrimiento puede ser tan corto como seis meses en algunos lugares y en otros tan largo como un año o más. Toma tiempo. Cuando alguien te envía preguntas escritas, tienes treinta días para responderlas; hay un mes justo allí. Una vez que el período de descubrimiento ha terminado, el caso está listo para proceder a juicio.

En algunos estados, el juez establece una fecha de juicio al inicio del caso; en otros, esperan hasta que el descubrimiento se haya completado antes de establecer la fecha del juicio.

PRESIÓN PARA RESOLVER

Incluso después de que se presenta una demanda, la gran mayoría de los casos se resuelven antes de un juicio. Y hay una buena razón para ello. Para cuando llega el corte de descubrimiento, ambas partes tienen una imagen muy clara de quién va a testificar y qué van a decir. No es probable que aprendas más información nueva después de la fecha de corte de descubrimiento. Eso conduce a la resolución.

No hay nada que te impida negociar durante el proceso de descubrimiento. De hecho, sucede todo el tiempo.

Además, casi todos los jueces de juicios civiles en Estados Unidos ahora requieren que ambas partes se reúnan con un mediador antes de ir a juicio. El mediador podría ser un juez retirado o un abogado que se especializa en acuerdos y actúa como un jugador neutral. El juez de juicio esperará hasta que el proceso de descubrimiento esté cerca o al final, para que ambas partes sepan tanto como puedan sobre el caso de la otra parte, y ordenará una reunión con un mediador.

Un juicio civil comúnmente toma una semana o más. Pueden ser presentados a un juez, pero típicamente, involucrarán a un jurado. Es un gran evento. Requiere mucho trabajo para orquestarlo y mucho tiempo en la sala de audiencias. Y los tribunales están ocupados.

Como resultado, en esencia, los jueces están diciendo esto: "No van a venir a mi sala de audiencias y consumir una semana de mi tiempo a menos que hayan hecho un esfuerzo real para resolver este caso. Estoy ordenando una reunión con un mediador. Usted, el demandante, y usted, el demandado, necesitan que sus abogados elijan a un juez retirado para presidir y dividir los costos. Si no pueden llegar a un acuerdo sobre eso, yo nombraré al mediador. Sus clientes y sus abogados van a asistir. Y van a sentarse juntos por medio día o un día y ver si pueden resolver este caso. Y luego, van a informarme. Si informan que intentaron de buena fe resolverlo pero no pudieron hacerlo, entonces les dejaré presentar su caso en mi sala de audiencias".

Las demandas civiles no siempre funcionaron de esta manera. Solían ser más como juicios por sorpresa, con un proceso de descubrimiento menos vigoroso. El cambio es deliberado. Al asegurar que la gran mayoría de las pruebas sean comprendidas por ambas partes antes de un juicio, el proceso actual permite que ambas partes evalúen las fortalezas y debilidades de su caso. Tú y tu abogado tienen la oportunidad de discutir lo que está en el mejor interés de la familia y los riesgos que están dispuestos a asumir —porque, después de todo, el juicio mismo sigue siendo un desconocido. Es un proceso público también, un procedimiento abierto que genera un registro que cualquiera que entre desde la calle puede ver.

Basado en mi experiencia, estimaría que el 70 por ciento o más de los casos que entran en el proceso de mediación se resuelven en esa reunión o dentro de una semana o dos después, mientras las dos partes resuelven sus diferencias finales.

En total, si miras todas las reclamaciones civiles a nivel nacional, menos del 2 por ciento realmente terminan yendo a juicio.

EL JUICIO

Supongamos que tú eres uno de el 2 por ciento que no resuelve y elige ir a juicio en su lugar. No conozco un sistema mejor o más justo que el nuestro —porque literalmente pone la decisión en manos de ciudadanos regulares de diferentes caminos de vida y perspectivas. Creo que es un sistema hermoso, el mejor del mundo.

Pero al mismo tiempo, es más que un poco aterrador. Hay tantas cosas que uno no puede controlar.

El Jurado

Hay una percepción errónea común de que los abogados eligen al jurado. No lo hacemos.

Es el primer paso en un juicio: el tribunal llama a una selección aleatoria de ciudadanos para el servicio de jurado, y cuando llegan, se les asigna a una sala de audiencias en particular. Es literalmente una lotería.

Supongamos que cuarenta personas son llamadas como posibles jurados el día que comienza tu juicio, y doce se encuentran en la sección del jurado dentro de la sala de audiencias. El juez podría limitar a los abogados de ambas partes a hacer preguntas a los posibles jurados por media hora cada uno. Eso equivale a un poco más de dos minutos de preguntas por cada jurado. Luego, el juez pedirá a cada parte que elimine tres jurados. Mientras sus elecciones no sean motivadas racialmente, puede eliminar a quien quiera.

Las seis personas que quedan forman al jurado.

Los números pueden variar. Algunos estados sientan a doce jurados en un caso; otros tienen seis, ocho o nueve.

En algunos estados, los jurados en un caso civil tienen que estar de acuerdo por unanimidad en su decisión. En otros, podría ser nueve de doce. En otros aún, podría ser una medida diferente para conseguir una mayoría. Cubre todo el espectro.

En resumen: el jurado es uno de los grandes riesgos al ir a juicio. No sabes quién aparecerá para el servicio de jurado o cuáles podrían haber sido sus experiencias.

Los Procedimientos

Debido al proceso de descubrimiento que he descrito, generalmente hay pocas sorpresas en términos de las pruebas presentadas en el propio juicio. Pero un juicio es un evento en vivo. Nunca realmente sabes qué dirá un testigo bajo presión mientras está en el estrado hasta que realmente sucede. (Te dije que era aterrador). Los demandantes presentan primero a sus testigos, y la defensa también tiene la oportunidad de cuestionarlos. Luego, la defensa presenta a sus testigos, y los abogados de los demandantes tienen su turno para hacer preguntas. Puede ser un proceso doloroso para la familia y para el demandado también.

Como he dicho, un juicio civil típicamente toma alrededor de una semana en desarrollarse —pero un caso complejo que involucre múltiples demandados y detalles contenciosos puede durar más. A menos que el juez llame a los abogados para una conferencia privada, todo se desarrolla en público. Cada palabra también es capturada en tiempo real por los reporteros del tribunal, y la transcripción también se convierte en un registro público.

El Veredicto

Recuerda, mientras el juez sirve como árbitro e instruye al jurado, las personas sentadas en la banca del jurado escucharán el testimonio, se retirarán a una sala distinta, consultarán una lista de instrucciones y llegarán a un veredicto. Llenarán un formulario de veredicto del jurado, regresarán a la sala de audiencias y lo presentarán al alguacil, quien lo entregará al juez para que lo lea.

Siempre hay una pausa expectante después de que el juez lee el formulario, luego mira al jurado.

"¿Es este su veredicto?".

"Sí, su señoría. Lo es".

¿Venciste? Todos lo descubriremos al mismo tiempo.

Como dije: el mejor sistema del mundo, pero aterrador. Como abogado, mi mayor miedo para las familias que represento es que no quiero que sean revictimizadas por el resultado de un juicio. Me quita el sueño.

EL RESULTADO

Puede ser un momento gratificante, incluso emocionante, para la familia escuchar que un jurado encuentra a la persona responsable de su pérdida culpable de negligencia de una forma u otra e impone daños en compensación. Lo que le sucedió ha sido escuchado; hay un reconocimiento de que han sido perjudicados y que la vida nunca será la misma.

Pero el resultado también puede ser más matizado —y menos gratificante. Tal vez el jurado consideró preguntas de culpa comparativa y decidió que tu ser querido también tuvo una responsabilidad parcial en lo que sucedió. El jurado podría otorgar menos en daños de lo que sabes que es necesario para el cuidado a largo plazo de tu ser querido.

La decepción puede ser aplastante. Nada parece justo, nada parece correcto, tu pérdida es real y el mundo parece estar al revés —todo porque los miembros del jurado, por cualquier razón, no ven las circunstancias de la manera en que tú y tu abogado lo hacen. Sucede.

En mi experiencia, las decepciones surgen más frecuentemente de preguntas de culpa comparativa en casos donde las circunstancias son ambiguas. En Colorado, si es cincuenta-cincuenta quién tiene la culpa, como cuestión de ley, no se otorgan daños en absoluto. Los demandados podrían tener una póliza de seguro de $10 millones USD, pero si el jurado vuelve a cincuenta-cincuenta, es un veredicto cero para la familia que podría haber perdido a un ser querido. Esa es la ley en Colorado.

EL PODER DEL JUEZ

Un juez tiene la autoridad para reducir la cantidad otorgada por un jurado si va mucho más allá de lo que el juez cree que es razonable, dadas las pruebas del caso. Esto se llama una "remittitur". Es raro, pero ocurre.

El riesgo en un juicio recae en ambas partes. Los demandados tienen las mismas preocupaciones que tú. Podrían haber resuelto un caso por $1 millón USD —solo para ir a juicio y que el jurado otorgue $10 millones USD en daños.

UNA APELACIÓN

Desde el día que presentas tu demanda civil hasta el momento en que un jurado emite un veredicto, el juez toma docenas de decisiones a lo largo del camino. Recordarás que describí al juez como el árbitro en tu caso. Considera cuántas bolas, strikes y outs el árbitro llama en un juego de béisbol. Imagina que hay un video de cada lanzamiento y una transcripción de cada llamada que hace el árbitro —y que el equipo perdedor pudo elegir cada decisión que el árbitro hizo que consideraron incorrecta y apelarla a un panel de tres árbitros senior. Si esos árbitros senior decidieran que hubo suficientes malas llamadas para afectar el resultado del juego, podrían anular el resultado y ordenarlo para que se repitiera.

Esa es la esencia del proceso de apelación después de un juicio. Cada decisión que toma el juez está registrada, al igual que cada palabra que dice en el tribunal. La parte perdedora tiene un derecho automático de apelar cualquiera o todas esas decisiones, argumentando que provocaron un juicio injusto. Ese proceso puede tomar un año o más.

¿Sucede una apelación cada vez? No. Pero cuanto más grande sea la cantidad en cuestión, más probable será.

LO QUE TODO ESTO SIGNIFICA PARA LAS FAMILIAS

El objetivo del sistema de justicia civil es poner a las familias que han perdido a un ser querido por muerte trágica o lesión catastrófica en una posición en la que puedan recuperar daños monetarios por sus pérdidas y responsabilizar a la persona o compañía que lo provocaron por lo que han hecho. También permite que la familia sea escuchada y obtenga respuestas a preguntas sobre lo que sucedió.

Más que cualquier otro aspecto en las secuelas de una pérdida trágica, el sistema de justicia civil da a las familias control. No sobre el resultado, necesariamente. La familia es solo una parte de la ecuación.

Pero sí les proporciona a las familias control sobre si iniciar el proceso y hasta qué punto llevarlo. Recuerda: la mayoría de los casos se resuelven, en parte porque evitar un juicio salva a la familia de revivir un trauma privado de una manera pública. Y un acuerdo puede proporcionar a la familia certeza en términos de responsabilizar financieramente a los culpables.

Sin embargo, en última instancia, si los demandados obligan a la familia a ir a juicio, o si la familia elige hacerlo, el sistema permite que todas las partes sean escuchadas y se haga una determinación final. Sucede todos los días.

¿Puede, en algún sentido real, reparar el daño? No. La vida cambia para siempre. Pero para la familia, la vida sigue adelante —y, en casos que involucran lesiones, la vida también avanzará para la víctima. Eso es lo que hace que sobrellevar su dolor y encontrar alguna medida de significado en su pérdida sea tan importante para muchas familias. Abordaremos esos temas a continuación.

CAPÍTULO 15

Superando el Duelo

En la inmediata secuela de una pérdida impensable o una lesión catastrófica, puedes sentirte abrumado por el shock, la incertidumbre y la ira. Todo parece tan insensato, innecesario y traumático. Por un tiempo, tratar de superar la siguiente hora, y luego el próximo día, y luego la próxima semana, puede ser todo lo que puedas manejar.

Las emociones que estás sintiendo son reales. El duelo es normal —es importante saber esto— aunque cada persona lo experimente de manera diferente. Eso también es importante saberlo. No hay una manera correcta o incorrecta de experimentar el duelo, y no deberíamos juzgar cómo otros expresan su duelo. Pero, como he aprendido de mi práctica y experiencia personal, puede ser debilitante.

Mi familia tuvo la suerte de tener una amiga que es psiquiatra. Ella se puso en contacto unos días después de que mi mamá fuera asesinada para ver cómo estábamos. Ella no es una consejera de duelo, pero nos refirió a una, y me señaló un libro que encontré tan útil que también te lo recomendaré: *Está Bien Que No Estés Bien* de Megan Devine. Es una guía directa y práctica que fue instrumental para ayudarme a entender lo que estaba pasando. Desde entonces, he proporcionado una copia a casi todas las familias con las que trabajo que se encuentran en circunstancias similares, y varias de ellas me han contactado después para agradecerme por ello.

También comencé a ver al consejero de duelo, y he permanecido en terapia una vez a la semana durante el último año. He descubierto que esto también fue fundamental para lidiar con mi pérdida. Mi esposa e hijos también han visto a terapeutas, y se han beneficiado de la experiencia como yo lo hice.

Insisto en buscar ayuda para tu duelo porque he aprendido lo importante que puede ser. La parte más difícil es simplemente comenzar. Todos podemos adivinar cómo podría ser la consejería y si creemos que nos ayudará; mi sugerencia es intentarlo porque si no lo haces, nunca sabrás la respuesta.

La buena noticia en esto es que casi con certeza encontrarás recursos disponibles para pagar la consejería. Hasta donde sé, todos los Fondos de Compensación para Víctimas pagarán por ello. Los defensores de víctimas en el departamento de policía o en la oficina del fiscal generalmente pueden referirte a servicios de consejería gratuitos. También puedes encontrar servicios de consejería sin fines de lucro basados en la comunidad. En Denver, el ex mariscal de campo de los Broncos, Brian Griese, fundó una organización sin fines de lucro llamada Judi's House — nombrada en honor a su madre, quien murió de cáncer cuando él tenía doce años— que proporciona servicios de consejería gratuita a personas de tres a veinticinco años que han experimentado la muerte de un miembro familiar.

El camino a través del duelo comienza con recuperar algún sentido de control sobre lo incontrolable que ha sucedido en tu familia. No puedes cambiar lo que pasó; no puedes traer de vuelta a alguien que se ha ido. No puedes volver al día antes de una lesión catastrófica. Pero puedes elegir cómo avanzar. De hecho, tienes que hacerlo, ya sea que conscientemente tomes una decisión o no. Cada mañana, cuando te despiertas, volverás a decidir.

Entonces, ¿cuáles son algunas maneras en que puedes elegir avanzar, por tu bien y el de tu familia, de una manera que honre la vida que no puedes traer de vuelta o regresar a lo que era antes de una lesión? Ya sea por una hora o por un día, ¿qué puedes hacer para controlar lo que sucede a continuación?

A través de las familias que he conocido en mi práctica y la experiencia de la muerte de mi madre, he aprendido que las respuestas pueden comenzar con pequeños pasos y no necesariamente deben ir más allá de ellos. Las cosas simples importan.

Caminar con Suavidad

Trabajar a través del duelo no es un camino recto. Puedes estar enojado, retraído o triste. Y, sin embargo, aquí está el mundo continuando a tu alrededor como si nada hubiera cambiado —en la gasolinera, el supermercado, en el lugar de trabajo o dondequiera que necesites estar. Puede parecer como si otros estuvieran experimentando los arcoíris y atardeceres de la vida —y tú no.

Por otro lado, tampoco estás usando una señal en tu pecho al caminar a la tienda que diga, "Mi madre fue asesinada ayer". Y, por supuesto, nadie más tampoco.

Con ese reconocimiento viene una nueva conciencia que puede surgir de la pérdida: nunca des por sentado lo que está sucediendo en las vidas de otras personas. No asumas que eres el único que está tambaleándose, que está sufriendo de alguna manera. No podemos saber lo que otros están experimentando. Así que, quizás, sea mejor ser un poco más amable en nuestras interacciones con las personas que encontramos.

Esa es una elección que puedes aplicar: caminar más suavemente por el mundo.

Apreciar el Día

La vida es corta. El mañana no está garantizado. Escuchamos cosas así todo el tiempo. Pero al otro lado de una pérdida inesperada, tenemos una nueva apreciación por la realidad de esas palabras.

Y si no hay garantía de un mañana, ¿cómo quieres pasar el hoy?

Cuando un ser querido es asesinado o lesionado catastróficamente, puede que haya habido muchas cosas en su lista de deseos que nunca tuvieron la oportunidad de cumplir. Puede que hubiera cosas que amaban hacer que te sacaban una sonrisa cada vez que las recuerdas. Una manera de honrar su memoria es completar esa lista de deseos o hacer algunas de las cosas que amaban hacer.

Esa es una segunda elección que puedes hacer: apreciar el día, quizás de maneras en que ellos también lo hubieran apreciado.

CAPÍTULO 16

Legado

Mi madre fue la primera mujer en graduarse de la Universidad de Florida con una Maestría en Bellas Artes en Teatro. Era algo de lo que estaba muy orgullosa, y nosotros también lo estamos. Ella manejaba un hogar con tres hijos cuando persiguió su pasión por las artes y regresó a la escuela, graduándose en 1977 con su Maestría en Dirección Teatral.

El espíritu pionero de mamá no se detuvo con su título. Se convirtió en una defensora de las mujeres en general y de las bellas artes. Actuó profesionalmente. Inició un teatro infantil, escribiendo, dirigiendo y recorriendo todo el estado de Florida. Y continuó trabajando como escritora y directora para los parques temáticos de Universal Studios en Orlando.

A medida que nosotros, sus hijos, crecíamos y empezábamos nuestras propias familias, se volvía más difícil que todos nos reuniéramos cada Navidad —por lo que mi madre inventó una nueva festividad familiar anual alrededor del Día de la Bandera. Nos reunía a todos en su casa para un fin de semana de barbacoa, juegos al aire libre —y una obra de teatro que ella escribía para los nietos. Cada año, uno o dos meses antes del Día de la Bandera, enviaba los guiones y las asignaciones de reparto. Preparaba los disfraces, y cuando nos reuníamos, los nietos ensayaban bajo su dirección antes de presentar su gran actuación para la familia.

Te estoy contando esto en parte para celebrar a mi madre, una mujer vivaz, divertida y artística, pero también porque todos los que amamos tienen una historia. Cuando esa persona es arrebatada por la muerte o cambiada para siempre por una lesión, no queremos perder quién era. No queremos que muera en vano. No queremos que la belleza que trajo a esta tierra desaparezca.

No se trata de traerlo de vuelta, aunque seguramente lo haríamos si pudiéramos; se trata de asegurar que su vida importó y es recordado.

No podemos controlar lo que sucede en la vida, pero sí podemos controlar lo que hacemos a continuación. Por eso es natural —e importante— encontrar significado en tu pérdida.

En parte, eso es una cuestión de buscar responsabilidad. ¿Cómo puedes prevenir que lo que le sucedió a tu ser querido le ocurra a otra persona?

También es una cuestión de recuerdo e intentar servir a otros en su memoria, de maneras grandes o pequeñas.

Al revisar los efectos de mi madre, encontramos una caja en un armario que contenía su tesis de maestría, escrita en una máquina de escribir en 1977. También había tomado piezas de los sets de producciones que dirigió y las convirtió en piezas de arte exhibidas en su casa. Todos son artefactos de su viaje de vida.

Estos descubrimientos llevaron a mi esposa a contactar por primera vez al departamento de bellas artes de la Universidad de Florida para discutir dos cosas:

1. Ayudar a personas reales en tiempo real que ahora están estudiando allí y que también son pioneras de alguna manera, a través de una beca parcial o subvención en nombre de mamá.

2. Exhibir algunos de los artefactos de mi madre, de manera permanente, como testamento de la pionera que fue.

Mientras escribo este libro, toda nuestra familia extendida se ha reunido en torno a este proyecto y estamos en conversaciones finales con la Universidad de Florida para hacerlo realidad. Estamos extremadamente emocionados por la perspectiva de reunirnos con futuros beneficiarios de la asistencia financiera otorgada en su nombre. ¿Trae a mi madre de vuelta? No. Pero lleva su historia y su legado adelante de una manera que ayuda a otros que están persiguiendo los mismos sueños que ella.

SIGNOS Y RITUALES DE RECUERDO

Encontramos una colección de camisetas en el armario de mi madre —camisetas con lemas y eslóganes, expresiones positivas, que todos habíamos visto que usaba en algún momento. Recuerdos de carreras que ella corría y otras expresiones de sus pasiones y su personalidad.

Mi esposa recogió estas camisetas y las convirtió en tres colchas. Una para cada uno de nuestros hijos. No son lo suficientemente grandes como para mantener a alguien abrigado en invierno, pero son las camisetas de Big Sissy, para que cada uno de ellos las tenga y las valore.

Volviendo al Capítulo 1, escribí sobre una segunda forma de recuerdo, disponible solo por un breve momento: una huella dactilar, tomada antes de la cremación de mi madre y preservada en colgantes para nuestros hijos.

Cosas pequeñas. Pero los recuerdos son una forma de conmemoración que puede llevar a un ser querido adelante, con consecuencias que van más allá de su tamaño.

He conocido familias que han plantado árboles en honor a su ser querido o han creado jardines conmemorativos, seres vivos que pueden visitar y que otros pueden disfrutar. La hermana de mi madre hizo precisamente eso, en una zona bastante apartada de su jardín, lejos de la calle y de la actividad exterior. Ella va allí a meditar junto a las rosas, suculentas y un "girador del árbol de la vida", entre otras plantas y elementos conmemorativos colocados allí. Otros podrían colocar un banco en un lugar que su ser querido apreciaba, dedicado a su memoria, o una cruz o señal en la carretera marcando el lugar donde murieron —una forma de recuerdo y, quizás, disuasión con la esperanza de salvar a otros. Si honras a un ser querido dedicando un banco en la iglesia, hay una cercanía que ocurre cada vez que vas a la iglesia y te sientas en ese banco con tu familia.

Una familia que perdió a un ser querido por un conductor ebrio creó un torneo anual de golf en su memoria. Su miembro de la familia amaba el golf, e hicieron de su pasión un memorial con una recaudación de fondos cuyos beneficios apoyan a otros que han sido víctimas de conductores ebrios. ¿Recauda mucho dinero? No tiene que ser así. Para mí, ese es un ejemplo perfecto de cómo combinar responsabilidad, recuerdo y servicio a la memoria de tu ser querido de manera conjunta.

Otros podrían iniciar una nueva tradición. Me encontré con un ejemplo en el sitio web Caring Bridge en el que alguien escribió sobre el amor de su madre fallecida por la cocina. Reunieron y distribuyeron sus recetas a los miembros de la familia, quienes acordaron elegir y preparar una cada quien en el Día de la Madre cada año, cuando todos se reunirían para compartir una comida rica en significado y recuerdo.

TOMAR ACCIÓN

Hay una razón por la que las leyes de derechos de las víctimas promulgadas en todo el país son comúnmente —y a menudo oficialmente— conocidas como la Ley de Marsy. Como discutí en el Capítulo 3, es porque su familia estaba determinada a que otras familias que soportaron una pérdida traumática no fueran victimizadas una segunda vez por el propio proceso de justicia penal.

Lo ves todo el tiempo. Una familia sufre una pérdida horrible bajo unas circunstancias particulares. Ven una necesidad de reforma. Y se proponen abogar por el cambio en la legislatura, en nombre de su ser querido, con la esperanza de ayudar a otros. No quiero ser político, pero podría ser una muerte a manos de la policía o un tiroteo en una escuela o un club nocturno. Podría ser tan simple como peticionar por un semáforo en una intersección peligrosa o un límite de velocidad más bajo en un tramo peligroso de la carretera.

Habiendo soportado una pérdida trágica, ahora podrías entender la profundidad de su motivación —tanto para honrar a la persona que has perdido como para recuperar algún sentido de control tratando de hacer algo bueno, aunque sea pequeño, a partir de algo terrible y honrar la memoria de tu ser querido haciéndolo en su nombre.

La defensa no es para todos, y no deberías sentir que estás fallando a tu ser querido si no es un camino que eliges. Para ti, podría ser tan simple como sonreír a los compradores que encuentras en el supermercado y decir, "Espero que tengas un buen día". Para otros, podría ser tomar al mundo por la cola y sacudirlo con fuerza.

El punto que estoy haciendo es que todas estas son maneras de honrar el legado de la persona que has perdido tocando a otros de manera positiva.

MÁS QUE OTRA ESTADÍSTICA

Para mi familia, buscar ayuda para entender y procesar nuestros sentimientos de duelo ha sido un elemento importante para recuperar algún sentido de control sobre lo incontrolable. También lo ha sido encontrar maneras de recordar y honrar a la mujer que todos amábamos, Big Sissy.

No hay manera de arreglar la tragedia que reclamó su vida. Pero no queremos que sea reducida a otro número en la tabla de peatones asesinados en el estado de Florida en 2020. Mi madre no era una nota al pie. No era una estadística. Tu ser querido tampoco lo fue. Y hay maneras —maneras saludables, importantes tanto al mirar hacia atrás como al avanzar— para tu familia y para otros, de asegurar que nunca sea reducido a solo otro número.

Conclusión

Este es un libro que espero nunca tengas que leer. Pero si lo haces, espero que te proporcione las respuestas que necesitas a las preguntas difíciles e importantes que comienzan a rodearte inmediatamente después de la trágica muerte o lesión catastrófica de alguien que amas.

Sucederá una y otra vez: "Esto acaba de ocurrir. ¿Qué hago?".

Lo sé, porque me sucedió a mí y a mi familia. Como abogado de lesiones personales, he estado representando a otros que soportaron la pérdida impensable o la lesión de un ser querido durante más de veinticinco años. Para ellos, en un momento, la vida parecía buena; en el siguiente, caos. Sin embargo, toda esa experiencia no me preparó completamente para mi propia inmersión en la tragedia.

Cuando lo impensable ocurrió en mi familia el día que mi madre fue arrollada y asesinada por un camión mezclador de concreto, me quedé atónito por la rapidez con la que nos vimos obligados a tomar decisiones importantes. Muchas de ellas tuvieron consecuencias duraderas, comenzando por nuestra capacidad para entender lo que sucedió y responsabilizar a los causantes de nuestra pérdida. Todos mis años de trabajo legal ciertamente fueron útiles, pero estuvieron lejos de ser suficientes.

Nadie debería ponerse en una posición de tomar decisiones tan importantes en la oscuridad.

Al salir del shock y el caos de la muerte de mi madre, me di cuenta de que estaba en una posición muy real para ayudar. Tengo décadas de experiencia profesional ayudando a familias como la tuya, y ahora, la mía ha recibido ese golpe que cambia la vida, al igual que la tuya.

Más de un año después de que recibimos ese golpe en la puerta, seguimos avanzando un día a la vez. Todos recordamos a mi madre de maneras grandes y pequeñas. Estamos esperando establecer una beca en su nombre. Hemos tenido éxito en traer cambios de seguridad a cientos de camiones mezcladores de concreto, incluido el camión que le quitó la vida. En el año de la pandemia de COVID-19, nos reunimos como familia de manera segura para celebrar su vida.

Extrañamos mucho a Big Sissy. Deseamos cada día que aún estuviera con nosotros. Pero ella no está. Y eso es algo que no podemos cambiar.

Puedes saber cómo se siente eso.

Pienso en este libro como una manera de honrar a mi madre. Si no fuera por su muerte, no habría visto la importancia de escribirlo y compartir lo que sé. Para mí, este es un aspecto de su legado, de devolver todo lo que significaba para mí.

No estoy aquí para decirte qué deberías hacer frente a la tragedia. Las elecciones son tuyas. Mi objetivo ha sido proporcionarte la información que necesitas para tomar esas decisiones.
Mi corazón está contigo, y espero que este libro te ayude.

Leyes de Derechos de las Víctimas

Si un estado ha proporcionado a las víctimas de delitos derechos bajo su constitución estatal, he anotado la sección donde se especifican los derechos a continuación. Para leer lo que dice la constitución de tu estado, realiza una búsqueda en línea con el nombre del estado junto con la palabra "constitución" y el número de artículo listado a continuación.

Ya sea que proporcionen protecciones constitucionales o no, la mayoría de los estados han promulgado leyes que detallan los derechos de las víctimas de delitos. Estas leyes también se enumeran a continuación. Nuevamente, para leer la ley de tu estado, realiza una búsqueda en línea con el nombre del estado y el número de estatuto que he proporcionado. (También puede encontrar la misma lista con enlaces a las leyes reales en mi sitio web, KyleBachus.com).

ALABAMA

- Protección Constitucional: Artículo I, Sección 6.01
  (Constitutional Protection: Article I, Section 6.01)
- Leyes de Derechos de las Víctimas:
  - Sección 15-23-60-84 del Código de Alabama (Ala.
    Code Section 15-23-60-84) (La Carta de Derechos
    de las Víctimas de Crimen)
  - Sección 15-14-53 del Código de Alabama (Ala.
    Code Section 15-14-53)

ALASKA

- Protección Constitucional: Artículo I, Sección 24
  (Constitutional Protection: Article I, Section 24)
- Leyes de Derechos de las Víctimas:
  - Sección 12.61.010-900 del Estatuto de Alaska
    (Alaska Stat. Section 12.61.010-900)
  - Sección 12.55.011 del Estatuto de Alaska (Alaska
    Stat. Section 12.55.011)

ARIZONA

- Protección Constitucional: Artículo 2, Sección 2.1
  (Constitutional Protection: Article 2, Section 2.1)
- Ley de Derechos de las Víctimas: Secciones 13-4401
  a 13-4441 del Código de Arizona (A.R.S 13-4401-
  4441) (Victim Rights Act)

ARKANSAS

- Protección Constitucional: Ninguna (No Constitutional Protection)

- Leyes de Derechos de las Víctimas:

  ○ Sección 16-90-1101-1115 del Código de Arkansas (Derechos de las Víctimas de Crimen) (Ark. Code Ann. Section 16-90-1101-1115:

  ○ Sección 16-90-301-308 del Código de Arkansas (Restitución a las Víctimas) (Ark. Code Ann. Section 16-90-301-308)

  ○ Sección 16-21-106 del Código de Arkansas (Derecho de la Víctima a ser Notificada) (Ark. Code Ann. Section 16-21-106)

  ○ Sección 16-90-701-719 del Código de Arkansas (Derechos de las Víctimas) (Ark Code Ann. Section 16-90-701-719)

CALIFORNIA

- Protección Constitucional: Artículo 1, Sección 28 de la Constitución de California (Constitutional Protection: California Constitution Article 1, Section 28)

- Leyes de Derechos de las Víctimas:

  ○ Secciones 679-680 del Código Penal de California (Derechos de las Víctimas) (Cal. Penal Code Section 679-680)

  ○ Sección 1102.6 del Código Penal de California (Derecho a Estar Presente en los Procedimientos) (Cal. Penal Code 1102.6)

COLORADO

- Protección Constitucional: Artículo II, Sección 16a de la Constitución de Colorado (Constitutional Protection: Colorado Constitution Article II, Section 16a)
- Leyes de Derechos de las Víctimas:
  - Sección 24-4.1-108 del Código Revisado de Colorado (C.R.S Section 24-4.1-108)
  - Secciones 24-4.1-301-304 del Código Revisado de Colorado (C.R.S Section 24-4.1-301-304)

CONNECTICUT

- Protección Constitucional: Artículo I, Sección 8b de la Constitución de Connecticut (Constitutional Protection: Connecticut Constitution Article I, Section 8b)
- Ley de Derechos de las Víctimas: Sección 54-201-230 del Código General de Connecticut (C.G.S Section 54-201-230)

DELAWARE

- Protección Constitucional: Ninguna (No Constitutional Protection)
- Ley de Derechos de las Víctimas: Secciones 9401-9420 del Código de Delaware (Delaware Code Section 9401-9420)

FLORIDA

- Protección Constitucional: Artículo I, Sección 16(b) de la Constitución de Florida (Constitutional Protection: Florida Constitution Article I, Section 16(b))
- Ley de Derechos de las Víctimas: Sección 960.001 de las Leyes de Florida (F.S. Section 960.001)

GEORGIA

- Protección Constitucional: Artículo I, Sección I, Párrafo XXX de la Constitución de Georgia (Constitutional Protection: Georgia Constitution Article I, Section I, Paragraph XXX)
- Ley de Derechos de las Víctimas: Sección 17-17-1-16 del Código General de Georgia Ocidental (O.C.G.A Section 17-17-1-16)

HAWÁI

- Protección Constitucional: Ninguna (No Constitutional Protection)
- Ley de Derechos de las Víctimas: Sección 801D-1-7 de los Estatutos Revisados de Hawái (Hawaii Revised Statutes Section 801D-1-7)

IDAHO

- Protección Constitucional: Artículo 1, Sección 22 de la Constitución de Idaho (Constitutional Protection: Idaho Constitution Article 1, Section 22)
- Ley de Derechos de las Víctimas: Sección 19-5302-5306 del Código de Idaho (Idaho Code Section 19-5302-5306)

ILLINOIS

- Protección Constitucional: Artículo I, Sección 8.1 de la Constitución de Illinois (Constitutional Protection: Illinois Constitution Article I, Section 8.1) (Ley de Marsy)

- Leyes de Derechos de las Víctimas: Capítulo 725 del Código de Illinois, Ley 120/1-9 (ILCS Chapter 725, Act 120/1-9)

INDIANA

- Protección Constitucional: Artículo I, Sección 13(b) de la Constitución de Indiana (Constitutional Protection: Indiana Constitution Article I, Section 13(b))

- Ley de Derechos de las Víctimas: Secciones 35-40-5-(1-11) del Código de Indiana (I.C Section 35-40-5-(1-11))

IOWA

- Protección Constitucional: Ninguna (No Constitutional Protection)

- Ley de Derechos de las Víctimas: Secciones 915.1-94 del Código de Iowa (I.C. Section 915.1-94)

KANSAS

- Protección Constitucional: Artículo XV, Sección 15 de la Constitución de Kansas (Constitutional Protection: Kansas Constitution Article XV, Section 15)

- Ley de Derechos de las Víctimas: Secciones 74-7333-7338 del Código de Kansas (K.S.A Section 74-7333-7338)

KENTUCKY

- Protección Constitucional: Enmienda 1 (Ley de Marsy) de la Constitución de Kentucky (Constitutional Protection: Kentucky Constitution Amendment 1 (Marsy Act))
- Ley de Derechos de las Víctimas: Sección 421.500-576 del Código de Kentucky (K.R.S Section 421.500-576)

LOUISIANA

- Protección Constitucional: Artículo I, Sección 25 de la Constitución de Louisiana (Constitutional Protection: Louisiana Constitution Article I, Section 25)
- Ley de Derechos de las Víctimas: Sección 1841 del Código Civil de Louisiana (L.R.S. 46 Section 1841)

MAINE

- Protección Constitucional: Ninguna (No Constitutional Protection)
- Leyes de Derechos de las Víctimas:
  - Sección 6101 del Código Revisado de Maine (M.R.S 15 Section 6101)
  - Secciones 1171-1177 del Código Revisado de Maine (M.R.S 17 Section 1171-1177)

MARYLAND

- Protección Constitucional: Artículo XLVII de la Constitución de Maryland (Constitutional Protection: Maryland Constitution Article XLVII)
- Leyes de Derechos de las Víctimas:
  - Sección 6-106 del Código de Procedimiento Penal de Maryland (MD Crim Pro Code Section 6-106)
  - Sección 7-105 del Código de Procedimiento Penal de Maryland (MD Crim Pro Code Section 7-105)
  - Sección 11-101 del Código de Procedimiento Penal de Maryland (MD Crim Pro Code Section 11-101)

MASSACHUSETTS

- Protección Constitucional: Ninguna (No Constitutional Protection)
- Ley de Derechos de las Víctimas: Sección 1-13 del Código General de Massachusetts (M.G.L. c. 258B Section 1-13)

MICHIGAN

- Protección Constitucional: Artículo I, Sección 24 de la Constitución de Michigan (Constitutional Protection: Michigan Constitution Article I, Section 24)
- Ley de Derechos de las Víctimas: Secciones 780.751-834 del Código Revisado de Michigan (M.R.S 780.751-834)

MINNESOTA

- Protección Constitucional: Ninguna (No Constitutional Protection)
- Ley de Derechos de las Víctimas: Sección 611A.01-06 del Código de Minnesota (Minn. Stat. Section 611A.01-06)

MISSISSIPPI

- Protección Constitucional: Artículo III, Sección 26A de la Constitución de Mississippi (Constitutional Protection: Mississippi Constitution Article III, Section 26A)
- Ley de Derechos de las Víctimas: Sección 99-43-1-49 del Código de Mississippi (MS. Code Section 99-43-1-49)

MISSOURI

- Protección Constitucional: Artículo I, Sección 32 de la Constitución de Missouri (Constitutional Protection: Missouri Constitution Article I, Section 32)
- Ley de Derechos de las Víctimas: Sección 595-200-218 del Código Revisado de Missouri (R.S.M.O Section 595-200-218)

MONTANA

- Protección Constitucional: Artículo II, Sección 28 de la Constitución de Montana (Constitutional Protection: Montana Constitution Article II, Section 28)
- Ley de Derechos de las Víctimas: Sección 46-24-101-213 del Código de Montana (M.C.A Section 46-24-101-213)

NEBRASKA

- Protección Constitucional: Artículo I, Sección 28 de la Constitución de Nebraska (Constitutional Protection: Nebraska Constitution Article I, Section 28)

- Ley de Derechos de las Víctimas: Sección 81-1843-1851 del Código de Nebraska (N.R.S Section 81-1843-1851)

NEVADA

- Protección Constitucional: Artículo II, Sección 8A de la Constitución de Nevada (Constitutional Protection: Nevada Constitution Article II, Section 8A)

- Leyes de Derechos de las Víctimas:
  - Sección 176.015 del Código Revisado de Nevada (N.R.S. 14 Section 176.015)
  - Sección 176A.630 del Código Revisado de Nevada (N.R.S. 14 Section 176A.630)

NEW HAMPSHIRE

- Protección Constitucional: Ninguna (No Constitutional Protection)

- Leyes de Derechos de las Víctimas:
  - Sección 21-M:8-k del Código de New Hampshire (N.H. Rev. Stat. Section 21-M:8-k)
  - Sección 21-M:8-c del Código de New Hampshire (N.H. Rev. Stat. Section 21-M:8-c)

NEW JERSEY

- Protección Constitucional: Artículo I, Sección 22 de la Constitución de New Jersey (Constitutional Protection: New Jersey Constitution Article I, Section 22)
- Leyes de Derechos de las Víctimas: Sección 52:4B-34-44 del Código de New Jersey (N.J.S.A Section 52:4B-34-44)

NEW MEXICO

- Protección Constitucional: Artículo II, Sección 24 de la Constitución de New Mexico (Constitutional Protection: New Mexico Constitution Article II, Section 24)
- Ley de Derechos de las Víctimas: Sección 31-26-1-16 del Código de New Mexico (N.M.S.A Section 31-26-1-16)

NEW YORK

- Protección Constitucional: Ninguna (No Constitutional Protection)
- Ley de Derechos de las Víctimas: Sección 640-649 de la Ley Ejecutiva de Nueva York (NY Exec L Section 640-649)

NORTH CAROLINA

- Protección Constitucional: Artículo I, Sección 37 de la Constitución de North Carolina (Constitutional Protection: North Carolina Constitution Article I, Section 37)
- Ley de Derechos de las Víctimas: Sección 15A-824-841 del Código General de North Carolina (NC Gen Stat Section 15A-824-841)

NORTH DAKOTA

- Protección Constitucional: Artículo I, Sección 25 de la Constitución de North Dakota (Constitutional Protection: North Dakota Constitution Article I, Section 25)
- Leyes de Derechos de las Víctimas:
  ○ Sección 12.1-34-01-05 del Código Central de North Dakota (N.D.C.C. Section 12.1-34-01-05)
  ○ Sección 12.1-35-01-06 del Código Central de North Dakota (N.D.C.C. Section 12.1-35-01-06)

OHIO

- Protección Constitucional: Artículo I, Sección 10a de la Constitución de Ohio (Constitutional Protection: Ohio Constitution Article I, Section 10a)
- Ley de Derechos de las Víctimas: Sección 2930.01-19 del Código Revisado de Ohio (Ohio Rev. Code Section 2930.01-19)

OKLAHOMA

- Protección Constitucional: Artículo II, Sección 34 de la Constitución de Oklahoma (Constitutional Protection: Oklahoma Constitution Article II, Section 34)
- Leyes de Derechos de las Víctimas:
  ◦ Sección 142A-B del Código de Oklahoma (Okla. Stat. Section 142A-B)
  ◦ Sección 40.1-3 del Código de Oklahoma (Okla. Stat Section 40.1-3)

OREGÓN

- Protección Constitucional: Artículo I, Sección 42–43 de la Constitución de Oregón (Constitutional Protection: Oregon Constitution Article I, Section 42–43)
- Ley de Derechos de las Víctimas: Sección 147.405-421 del Código de Oregón (O.R.S Section 147.405-421)

PENNSYLVANIA

- Protección Constitucional: Ninguna (No Constitutional Protection)
- Ley de Derechos de las Víctimas: Sección 11.101-502 del Código de Pensilvania (18 Pa C.S. Section 11.101-502)

RHODE ISLAND

- Protección Constitucional: Artículo I, Sección 23 de la Constitución de Rhode Island (Constitutional Protection: Rhode Island Constitution Article I, Section 23)

- Ley de Derechos de las Víctimas: Sección 12-28-1-13 de las Leyes Generales de Rhode Island (RI Gen. Laws. Section 12-28-1-13)

SOUTH CAROLINA

- Protección Constitucional: Artículo I, Sección 24 de la Constitución de South Carolina (Constitutional Protection: South Carolina Constitution Article I, Section 24)

- Ley de Derechos de las Víctimas: Sección 16-3-1505 del Código de South Carolina (S.C. Code. Ann. Section 16-3-1505)

SOUTH DAKOTA

- Protección Constitucional: Artículo VI, Sección 29 de la Constitución de South Dakota (Constitutional Protection: South Dakota Constitution Article VI, Section 29)

- Ley de Derechos de las Víctimas: Sección 23A-28C-1-9 del Código de South Dakota (SDCL Section 23A-28C-1-9)

TENNESSEE

- Protección Constitucional: Artículo I, Sección 35 de la Constitución de Tennessee (Constitutional Protection: Tennessee Constitution Article I, Section 35)

- Ley de Derechos de las Víctimas: Sección 40-38-101-302 del Código de Tennessee (Tenn. Code Ann. Section 40-38-101-302)

TEXAS

- Protección Constitucional: Artículo I, Sección 30 de la Constitución de Texas (Constitutional Protection: Texas Constitution Article I, Section 30)

- Ley de Derechos de las Víctimas: Sección 56.01-15 del Código de Procedimiento Penal de Texas (Texas Code of Crim. Procedure Section 56.01-15)

UTAH

- Protección Constitucional: Artículo I, Sección 28 de la Constitución de Utah (Constitutional Protection: Utah Constitution Article I, Section 28)

- Leyes de Derechos de las Víctimas:

  ○ Sección 77-38-1-14 del Código de Procedimiento Penal de Utah (Utah Code of Criminal Procedure Section 77-38-1-14)

  ○ Sección 77-37-1-5 del Código de Procedimiento Penal de Utah (Utah Code of Criminal Procedure Section 77-37-1-5)

VERMONT

- Protección Constitucional: Ninguna (No Constitutional Protection)
- Ley de Derechos de las Víctimas: Secciones 5301-5322 del Código de Vermont (13 V.S.A. 5301-5322)

VIRGINIA

- Protección Constitucional: Artículo I, Sección 8-A de la Constitución de Virginia (Constitutional Protection: Virginia Constitution Article I, Section 8-A)
- Leyes de Derechos de las Víctimas:
  - Sección 16.1-302.1 del Código de Virginia (Va. Code Ann. Section 16.1-302.1)
  - Sección 19.2-11.01-11.4 del Código de Virginia (Va. Code Ann. Section 19.2-11.01-11.4)

WASHINGTON

- Protección Constitucional: Artículo I, Sección 35 de la Constitución de Washington (Constitutional Protection: Washington Constitution Article I, Section 35)
- Ley de Derechos de las Víctimas: Sección 7.69.010-7.69B.050 del Código de Washington (R.C.W. Section 7.69.010-7.69B.050)

WASHINGTON, D.C.

- Protección Constitucional: Ninguna
- Ley de Derechos de las Víctimas: Sección 23-1901-1911 del Código de Washington D.C. (D.C. Code Section 23-1901-1911)

WEST VIRGINIA

- Protección Constitucional: Ninguna (No Constitutional Protection)
- Leyes de Derechos de las Víctimas:
  - ○ Sección 61-11A-1-8 del Código de West Virginia (W. Va. Code Section 61-11A-1-8)
  - ○ Sección 14-2A-1-29 del Código de West Virginia (W. Va. Code Section 14-2A-1-29)

WISCONSIN

- Protección Constitucional: Artículo I, Sección 9m de la Constitución de Wisconsin (Constitutional Protection: Wisconsin Constitution Article I, Section 9m)
- Ley de Derechos de las Víctimas: Sección 950.01-11 del Código de Wisconsin (Wis. Stat. Section 950.01-11)

WYOMING

- Protección Constitucional: Ninguna (No Constitutional Protection)
- Leyes de Derechos de las Víctimas:
  - ○ Sección 7-21-101-103 del Código de Wyoming (Wyo. Stat. Section 7-21-101-103)
  - ○ Sección 14-6-501-509 del Código de Wyoming (Wyo. Stat. Section 14-6-501-509)

Carta a la Oficina del Fiscal

Tu carta debe enviarse por correo certificado, y este es el texto que debes seguir:

Oficina del Fiscal de Distrito (y dirección).

Asunto: Reclamación por Muerte por Negligencia de (nombre de la víctima).

Nombre del Ofensor:

Fecha de la Pérdida:

Fecha de Nacimiento:

Estimado Fiscal de Distrito:

Gracias por su investigación y el continuo trabajo en la persecución de este asunto. Por favor, tenga en cuenta que he sido contratado para servir como asesor legal de la familia de (nombre de la víctima). En nombre de la familia de la víctima, por favor, sepa que la familia está muy agradecida por sus valiosos y hábiles servicios. Le escribo en este momento para solicitar formalmente los registros, información y notificaciones para víctimas disponibles a través de su agencia según (el estado donde se está juzgando el caso y el nombre y número de sección de su ley de derechos de las víctimas, según se encuentra en el Apéndice 1).

Por favor, proporcione rápidamente la siguiente información y/o notificaciones:

- Información escrita sobre los derechos de las víctimas.

- Decisiones tomadas respecto a la presentación de cargos por delitos graves y una explicación de los cargos presentados.

- Decisiones tomadas respecto a la presentación de cargos menores que el cargo por el cual la persona fue inicialmente arrestada y si el cargo menor puede resultar en una fianza más baja.

- Información sobre el número de archivo interno asignado por su oficina al caso junto con el nombre, dirección y número de teléfono del fiscal adjunto y del juzgado al que se asigna el caso.

- Notificación por escrito anticipada de la fecha, hora y lugar de cada etapa crítica en el caso y la oportunidad de estar presente y, cuando sea apropiado, ser escuchado en el tribunal.

- Notificación de cualquier moción pendiente que pueda retrasar sustancialmente su persecución.

- La oportunidad de consultar con la familia respecto a cualquier reducción de cargos, acuerdos de culpabilidad, desvíos o desestimaciones.

- Información sobre la función del Informe de Sentencia, el nombre y número de teléfono de la oficina de libertad condicional que prepara el informe, y el derecho a hacer una declaración de impacto de la víctima.

- Información sobre la opción de usar un formulario proporcionado por su oficina para hacer una declaración de la víctima e información sobre las políticas que dan al ofensor el derecho de ver la declaración de impacto de la víctima e información sobre el proceso por el cual se le dará a la familia la capacidad de estar presente y ser escuchada oralmente y/o por escrito en la sentencia.

- Proporcionar a la familia la oportunidad de hablar con el fiscal antes de que el caso se resuelva y de ser informada sobre la resolución.

- Proporcionar la información de la familia al tribunal para asegurar la participación de la familia en los procedimientos de restitución junto con una explicación de lo que es recuperable.

- Informar a la familia sobre la disponibilidad de: apoyo disponible para víctimas de delitos y sus familiares inmediatos, incluyendo transporte al tribunal; asistencia financiera; referencia a servicios comunitarios; cuidado infantil, cuidado de ancianos y asistencia para discapacitados; intercesión con acreedores y empleadores; servicios de traducción; y protección de direcciones.

- Informar a la familia sobre qué hacer en caso de intimidación o acoso por parte del sospechoso y proporcionar información sobre servicios de protección incluyendo la confidencialidad de la dirección de la víctima.

- Mantener informada a la familia sobre cuándo el ofensor es liberado de la custodia, transferido permanentemente de una cárcel, está en libertad condicional o escapa.

- Permitir a la familia ver todo o parte del informe de sentencia previa de la oficina de libertad condicional.

- Asegurar que la familia reciba una copia gratuita del informe inicial del incidente.

Respecto a las etapas críticas del caso penal, por favor, mantenga a la familia completamente informada sobre los siguientes eventos durante la persecución:

- La presentación de cargos, o decisión de no presentar cargos.

- La audiencia preliminar.

- La audiencia de imputación de una persona acusada de un delito.

- Cualquier audiencia sobre mociones relacionadas con asuntos probatorios o alivio previo o posterior a la declaración de culpabilidad.

- Cualquier disposición de la denuncia o cargos contra la persona acusada.

- El juicio.

- Cualquier audiencia de sentencia.

- Cualquier apelación de un juicio o condena.

- Cualquier audiencia sobre un caso reabierto debido a pruebas perdidas o destruidas.

- La presentación de cualquier denuncia, citación o orden de arresto por parte del departamento de libertad condicional por incumplimiento de reportarse a libertad condicional o porque la ubicación de una persona condenada por un delito es desconocida.

- La decisión de entrar en un acuerdo de desvío.

Estamos muy agradecidos por su cooperación en mantenernos informados sobre el estado del trabajo de persecución en este asunto. Si podemos asistirle a usted o a su investigación de alguna manera, o si tiene alguna pregunta o inquietud, por favor, contacte a mi asistente legal (nombre e información de contacto), y organizaremos una llamada con los miembros de nuestro equipo que manejan este asunto.

Gracias de antemano por su asistencia profesional.

Entrada de Aparición

(Nombre, dirección y número de teléfono del tribunal donde se está escuchando el caso).

Gente del estado de (estado donde se está juzgando el caso) vs. (nombre del demandado).

Número de caso: (coloque aquí el número de caso).

(Nombre e información de contacto del portavoz de la familia o abogado).

(Nombre del portavoz de la familia o abogado) por la presente ingresa una aparición en nombre de la familia de (nombre de tu ser querido), la víctima de crimen en este caso. La familia desea ser escuchada en este asunto.

De acuerdo con los requisitos obligatorios de (inserte la ley de derechos de las víctimas de tu estado o leyes) y los derechos otorgados en ella, la víctima en este asunto formalmente hace las siguientes solicitudes:

1. Ser informado y estar presente en todas las "etapas críticas" del proceso de justicia penal, incluyendo pero no limitado a las siguientes etapas:

   a. La presentación de cargos, o decisión de no presentar cargos.

   b. La audiencia de imputación.

   c. Cualquier audiencia sobre mociones relacionadas con asuntos probatorios o alivio previo o posterior a la declaración de culpabilidad.

   d. Cualquier disposición de la denuncia o cargos.

   e. El juicio.

   f. Cualquier audiencia de sentencia.

   g. Cualquier revisión de apelación o decisión de apelación.

   h. Cualquier apelación de un juicio o condena.

   i. La decisión de entrar en un acuerdo de desvío u otro acuerdo.

   j. Ser notificado por escrito de todos los derechos de la víctima.

   k. Ser informado del estado del caso y de cualquier cambio o cancelación en la programación.

2. Estar libre de intimidación, acoso o abuso; ser informado de qué pasos tomar si ocurren tales eventos; y ser informado sobre los servicios de protección

disponibles, incluyendo la confidencialidad de la dirección de la víctima.

3. Ser informado cuando el ofensor sea liberado de la custodia.

4. Estar presente y ser escuchado en el tribunal respecto a cualquier reducción o modificación de fianza, aceptación de cualquier declaración de no disputar culpabilidad o declaración de culpabilidad negociada, sentencia o cualquier modificación de una sentencia.

5. Tener la oportunidad de hablar con el fiscal antes de que el caso se resuelva y ser informado sobre la resolución.

6. Tener el informe de sentencia previa a la vista.

7. Tener la oportunidad de preparar una declaración de impacto de la víctima y estar presente y ser escuchado ya sea oralmente y/o por escrito (según la elección de la víctima) en la sentencia.

8. Tener la oportunidad de asistir a una audiencia para determinar la cantidad de restitución a ser pagada a la víctima por todos los daños pecuniarios reales.

9. Tener la declaración de impacto de la víctima escrita u oral incluida con cualquier referencia del ofensor a correcciones comunitarias.

10. Tener todos los demás derechos de las víctimas disponibles bajo la ley de (estado donde se está juzgando el caso).

Respetuosamente presentado este (mes y día) de (año).

Carta a Correcciones y Libertad Condicional

(Título y dirección de la agencia).

Asunto: Reclamación por Muerte por Negligencia de (nombre de tu ser querido) contra (nombre del ofensor y fecha de nacimiento).

Estimado/a Señor/a:

Gracias por su continuo trabajo en este asunto. En nombre de la familia de la víctima, por favor, sepa que la familia está muy agradecida por sus valiosos y hábiles servicios. Le escribo en este momento para solicitar formalmente los registros, información y notificaciones para víctimas disponibles a través de su agencia según la Ley de Derechos de las Víctimas de (insertar el estado donde se encuentra la agencia).

Por favor, proporciónenos rápidamente lo siguiente por escrito respecto al ofensor en cuestión:

- Notificar a la familia sobre la institución donde el ofensor está encarcelado.

- Notificar a la familia sobre la fuga, transferencia o liberación del ofensor de cualquier hospital estatal o instalación de correcciones.

- Notificar a la familia con anticipación sobre la transferencia a o colocación en una instalación no segura, desde la confinación o la descarga de la encarcelación, así como cualquier condición de liberación.

- Notificar a la familia sobre la transición del ofensor de una instalación residencial a un entorno no residencial.

- Notificar a la familia sobre audiencias de libertad condicional y revisiones completas de la junta de libertad condicional.

- Notificar a la familia sobre cualquier decisión de la junta de libertad condicional o cualquier decisión del gobernador para conmutar la sentencia de un ofensor o perdonar al ofensor, antes de la divulgación pública.

- Notificar a la familia sobre la muerte del ofensor mientras está confinado.

- Notificar a la familia sobre cualquier descarga de libertad condicional.

- Permitir a la familia ver todo o parte del informe de sentencia previa de la oficina de libertad condicional.

- Asegurar que la familia reciba una copia gratuita del informe inicial del incidente.

Estamos muy agradecidos por su cooperación en mantenernos informados sobre el estado del ofensor. Si tiene alguna pregunta o inquietud, por favor, contacte conmigo al (número de teléfono del portavoz de la familia).

Gracias de antemano por su asistencia profesional.

Políticas de Redes Sociales Cuando Alguien Muere

Si un ser querido ha fallecido, es posible que te preguntes qué se debe hacer con sus cuentas de redes sociales. Si tienes la información de la cuenta de tu ser querido, eliminar cuentas suele ser tan simple como iniciar sesión. Si no tienes la información de la cuenta de tu ser querido, la información a continuación puede ser útil. Esta información está actualizada hasta 2021.

(Puedes encontrar la misma lista con enlaces a las políticas de estas plataformas en mi sitio web, KyleBachus.com).

FACEBOOK/INSTAGRAM

Si no conoces la contraseña de Facebook de la cuenta de tu ser querido, Facebook no te proporcionará esa contraseña.

Si eres un familiar o amigo cercano del titular de una cuenta, tienes dos opciones. (Las mismas opciones se aplican para Instagram).

Puedes solicitar a Facebook que memorialice una cuenta. (Realiza una búsqueda en línea por "Facebook" o "Instagram" y "cuando alguien muere"). Dependiendo de las configuraciones que elijas, los amigos de tu ser querido aún pueden publicar recuerdos o anécdotas en la página. Las fotos que tu ser querido compartió se preservan, y nadie podrá iniciar sesión en la cuenta. La cuenta no aparecerá en espacios de búsqueda pública.

Si eres un familiar inmediato de tu ser querido, puedes solicitar que su cuenta sea eliminada por completo. Para hacerlo, necesitarás prueba de autoridad, incluyendo un poder notarial, certificado de nacimiento, testamento o carta testamentaria, o una carta de herencia. También debes mostrar prueba de fallecimiento utilizando un obituario o tarjeta conmemorativa.

TWITTER

Twitter no distribuye contraseñas a nadie, independientemente de la relación. Solo puedes desactivar una cuenta, no controlarla. Esto requiere llenar un formulario en línea (busca "Twitter desactivar cuenta") y proporcionar el nombre del usuario, tu nombre, tu relación con el titular de la cuenta, tu correo electrónico e información adicional que podría ser útil. Twitter se pondrá en contacto contigo si necesitan más información.

SNAPCHAT

Snapchat solo permite una acción cuando un usuario fallece: la eliminación de la cuenta. Realiza una búsqueda en línea por "soporte de Snapchat" y selecciona el botón apropiado. Se te requerirá proporcionar una copia del certificado de defunción.

LINKEDIN

Al igual que Facebook, LinkedIn no distribuye la contraseña de un miembro fallecido; sin embargo, memorializarán o cerrarán una cuenta si tienes la autoridad para actuar en nombre de tu ser querido.

Si memorializas la cuenta, permanecerá en línea y el contenido no será eliminado. La cuenta será etiquetada como "en recuerdo" y nadie podrá iniciar sesión. Para memorializar una cuenta, debes poder proporcionar los siguientes datos del usuario, el nombre completo, el enlace a su perfil de LinkedIn, tu relación con él, el correo electrónico, la fecha de fallecimiento, una copia del certificado de defunción y un documento legal que demuestre que tienes la autoridad para actuar en su nombre. Debes seguir el mismo proceso para eliminar una cuenta.

Busca en línea "LinkedIn cuando alguien muere" para el enlace.

PINTEREST

Pinterest no distribuye contraseñas a ningún miembro de la familia o ser querido. Tampoco publican políticas específicas sobre el cierre de cuentas, pero cerrarán una cuenta si tu ser querido ha fallecido. Realiza una búsqueda en línea por "Pinterest cuando alguien muere" para el enlace, luego proporciona tu nombre, el nombre del usuario, su nombre de usuario, su dirección de correo electrónico y tanta información sobre tu relación con tu ser querido como sea posible.

CUENTAS DE GOOGLE (YOUTUBE, GMAIL, ETC)

Primero, verifica si tu ser querido tiene un "gestor de cuentas inactivas" configurado en su cuenta. Si lo tiene, esto proporcionará información sobre quién ha dado permiso a tu ser querido para acceder a la información y contenido de la cuenta.

En otros casos, Google solo permite el cierre de la cuenta de un usuario fallecido. Realiza una búsqueda en línea por "Google cuenta cuando alguien muere" para el enlace. Necesitarás el nombre y correo electrónico de tu ser querido, tu nombre y correo electrónico, tu identificación emitida por el gobierno, el certificado de defunción de tu ser querido y cualquier documento de apoyo adicional que puedas tener que demuestre representación.

Sin la contraseña, es difícil para Google proporcionar cualquier información como correos electrónicos reales u otra información personal almacenada en Google Drive. Acceder a este contenido es un proceso largo que generalmente requiere una orden judicial. Si tu ser querido tenía una cuenta de YouTube que generaba dinero, también puedes considerar solicitar esos fondos de las billeteras electrónicas de Google (Wallet y AdSense). Realiza una búsqueda en línea por "Google enviar una solicitud respecto a la cuenta de un usuario fallecido".

TIKTOK

Hasta la fecha de esta escritura, TikTok no tiene una política de eliminación de cuentas de aquellos que han fallecido. A menos que tengas la información de inicio de sesión, no puedes eliminar la cuenta sin causa. Actualmente, la muerte de un usuario no es una causa válida. Dicho esto, si tienes acceso al dispositivo móvil de tu ser querido, puedes intentar abrir la aplicación de TikTok. La aplicación generalmente permanece iniciada, y si es así, puedes intentar seguir los siguientes pasos para eliminar la cuenta.

1. Ve a **Me**.
2. Toca ... ubicado en la esquina superior derecha.
3. Toca Gestionar cuenta > Eliminar cuenta.
4. Sigue las instrucciones en la aplicación para eliminar tu cuenta.

Además, si tienes la autorización legal adecuada y acceso a la contraseña del teléfono inteligente de una persona, puedes intentar ver contraseñas de internet guardadas. Si tu ser querido guardó su contraseña de TikTok, podrías acceder a ella, iniciar sesión en la cuenta y eliminarla.

REDDIT

Al igual que TikTok, hasta la fecha de esta escritura, Reddit no tiene una política de eliminación de cuentas de aquellos que han fallecido. Si tienes acceso a la contraseña del teléfono inteligente de tu ser querido, puedes intentar ver contraseñas guardadas. Si tu ser querido guardó su contraseña de Reddit, podrías acceder a ella, iniciar sesión en la cuenta y eliminarla.

Si tienes la información de inicio de sesión, realiza una búsqueda en línea por "eliminar cuenta de Reddit" y sigue los pasos, comenzando con iniciar sesión si es necesario.

Leyes de Sucesión Intestada

Para leer lo que dice la ley de sucesión intestada de tu estado, realiza una búsqueda en línea con el nombre del estado junto con el número de estatuto que he proporcionado. (También puedes encontrar la misma lista con enlaces a las leyes reales en mi sitio web, KyleBachus.com).

ALABAMA

Sección 6-5-410 del Código de Alabama
(Ala. Code Section 6-5-410)

ALASKA

Sección 09.55.580 del Estatuto de Alaska
(Alaska Stat. AS 09.55.580)

ARIZONA

Secciones 12-611, 12-612, 12-613 del Código de Arizona
(Ari. Rev. Section 12-611, 12-612, 12-613)

ARKANSAS

Sección 12-62-102 del Código de Arkansas
(Ark. Code Section 12-62-102)

CALIFORNIA

Secciones 377.60, 377.61 del Código de Procedimiento Civil
de California (Cal. Code of Civ. Proc. Section 377.60, 377.61)

COLORADO

Secciones 13-21-201, 13-21-202 del Estatuto de Colorado
(Colo. Rev. Stat. Section 13-21-201, 13-21-202) (2021)

CONNECTICUT

Sección 52-555 del Código General de Connecticut
(Conn. Gen. Stat. Section 52-555)

DELAWARE

Sección 3724 del Código de Delaware
(Del. Code Title 10 Section 3724)

DISTRITO DE COLUMBIA

Secciones 16-2701, 16-2703 del Código del Distrito de
Columbia (DC Code Section 16-2701, 16-2703)

FLORIDA

Secciones 768.16-768.26 de Florida
(Fla. Section 768.16-768.26)

GEORGIA

Sección 51-4-2 del Código de Georgia
(Ga. Code Title 51 Torts Section 51-4-2)

HAWÁI

Sección 663-3 del Estatuto Revisado de Hawái
(Hawaii Rev. Stat. Div. 4 Section 663-3)

IDAHO

Sección 5-311 del Estatuto de Idaho
(Idaho Stat. Title 5 Section 5-311)

ILLINOIS

Sección 180 del Estatuto de Illinois
(Ill. Stat. Chapter 740, Section 180)

INDIANA

Sección 34-23-1-1 del Código de Indiana
(Indiana Code Section 34-23-1-1)

IOWA

Sección 633.336 del Código de Iowa
(Iowa Code Title XV Section 633.336)

KANSAS

Sección 60-1901 del Código de Kansas
(Kan. Stat. Chapter 60 Section 60-1901)

KENTUCKY

Sección 391.130 de las Leyes Revisadas de Kentucky
(Kent. Rev. St. Section 391.130)

LOUISIANA

Artículo 2315.2 del Código Civil de Louisiana
(La. Civ. Code Tit. V, Art. 2315.2)

MAINE

Sección 2-804 del Estatuto Revisado de Maine
(Maine Rev. Stat. Title 18-A Section 2-804)

MARYLAND

Sección 3-904 del Código de Maryland, Sucesiones y Fideicomisos (Md. Code, Courts and Judicial Proceedings Section 3-904)

MASSACHUSETTS

Sección 2 del Capítulo 229 de las Leyes Generales de
Massachusetts (Mass. Gen. Laws Part III Ch. 229, Section 2)

MICHIGAN

Sección 600.2922 de las Leyes Compiladas de Michigan
(Mich. Comp. Laws, Chapter 600 Section 600.2922)

MINNESOTA

Sección 573.02 del Código de Minnesota
(Minn. Stat. Section 573.02)

MISSISSIPPI

Sección 11-7-13 del Código de Mississippi
(Miss. Code Title 11 Section 11-7-13)

MISSOURI

Sección 537.080 del Código Revisado de Missouri
(Missouri Rev. Stat. Title XXXVI Section 537.080)

MONTANA

Sección 27-1-513 del Código de Montana
(Mont. Title 27 Section 27-1-513)

NEBRASKA

Sección 30-809 del Código Revisado de Nebraska
(Neb. Rev. Stat. Chapter 30 Section 30-809)

NEVADA

Sección 41.085 del Código Revisado de Nevada
(Nev. Rev. Stat. Title 3 Section 41.085)

NEW HAMPSHIRE

Sección 556:12 del Código de New Hampshire
(N.H. Rev. Stat. Title LVI Section 556:12)

NEW JERSEY

Ley de Muerte Indebida de New Jersey
(N.J. Wrongful Death Act)

NEW MEXICO

Sección 41-2-1 del Código de New Mexico
(N.M. Stat. Section 41-2-1)

NEW YORK

Sección 5-4.1 de las Leyes de Poderes y Fideicomisos de
Nueva York (N.Y. Cons. Laws, Estates, Powers and Trusts Law
Section 5-4.1)

NORTH CAROLINA

Sección 28A-18-2 del Código General de North Carolina
(N.C. Gen. Stat. Section 28A-18-2)

NORTH DAKOTA

Sección 32-21-01 del Código Central de North Dakota
(N.D. Cent. Code Section 32-21-01)

OHIO

Sección 2125.01 del Código Revisado de Ohio
(Ohio Rev. Code Title XXI Section 2125.01)

OKLAHOMA

Sección 12-1053 del Código de Oklahoma
(Okla. Stat. Section 12-1053)

OREGÓN

Sección 30.020 del Código Revisado de Oregon
(Ore. Rev. Stat. Section 30.020)

PENNSYLVANIA

Sección 8301 del Código de Pennsylvania
(Penn. Stat. Title 42 Pa.C.S.A. Section 8301)

RHODE ISLAND

Sección 10-7-1 de las Leyes Generales de Rhode Island
(R.I. Gen. Laws Section 10-7-1)

SOUTH CAROLINA

Sección 15-51-10 del Código de South Carolina
(S.C. Code of Laws Section 15-51-10)

SOUTH DAKOTA

Sección 21-5-5 de las Leyes Anotadas de South Dakota
(S.D. Cod. Laws Section 21-5-5)

TENNESSEE

Sección 20-5-106 del Código de Tennessee
(Tenn. Code Section 20-5-106)

TEXAS

Sección 71.00 del Código de Procedimiento Civil y
Remuneración de Texas
(Tex. Civ. Prac. & Rem. Code Section 71.00)

UTAH

Sección 78B-3-106 del Código de Utah
(Utah Code Section 78B-3-106)

VERMONT

Sección 1491 del Código de Vermont
(Vt. Stat. Title 14 Section 1491)

VIRGINIA

Sección 8.01-50 del Código de Virginia
(Va. Code Section 8.01-50)

WASHINGTON

Sección 4.20.010 del Código Revisado de Washington
(Wash. Rev. Code Section 4.20.010)

WEST VIRGINIA

Sección 55-7-5 del Código de West Virginia
(W.V. Code Section 55-7-5)

WISCONSIN

Sección 895.04 del Código de Wisconsin
(Wisc. Statutes Section 895.04)

WYOMING

Sección 1-38-101 del Código de Wyoming
(Wyo. Statutes Section 1-38-101)

Declaración Jurada de Patrimonio Pequeño

Este formulario está basado en el formulario del estado de Colorado y está destinado a servir como una muestra, dándote una idea de cómo podría verse la declaración jurada. En este caso, los números y el nombre del estatuto son específicos de Colorado. Diferentes estados tienen diferentes reglas y formularios. Deberías poder encontrar el formulario para tu estado realizando una búsqueda en línea con el nombre de tu estado seguido de las palabras "declaración jurada de patrimonio pequeño".

Yo, (nombre), el declarante, soy ya sea un sucesor del fallecido o una persona que actúa en nombre de uno o más de los sucesores del fallecido, y tengo dieciocho años de edad o más.

Al menos diez días han transcurrido desde la muerte de (nombre de tu ser querido).

El valor total de mercado justo de toda la propiedad del fallecido y sujeta a disposición por testamento o sucesión intestada en el momento de la muerte del fallecido, dondequiera que se encuentre esa propiedad, menos gravámenes y cargas, no excede, para el año de la muerte (A.D.): A.D. 2020 y 2021 es $70,000 USD; A.D. 2019 es $68,000 USD; A.D. 2017 y 2018 es $66,000 USD; A.D. 2016, 2015 y 2014 es $64,000 USD; y A.D. 2013 es $63,000 USD.

Esta declaración jurada no es válida para la transferencia de bienes inmuebles. Para transferir propiedad personal que afecta bienes inmuebles, consulte la Sección 15-12-1201(3.5), C.R.S.

No hay ninguna solicitud o petición para el nombramiento de un representante personal pendiente o que haya sido concedida en ninguna jurisdicción.

El/los sucesor(es), listados a continuación, tienen derecho a cualquier propiedad personal perteneciente al fallecido, incluyendo pero no limitado a fondos depositados en, o cualquier contenido de, una caja de seguridad en cualquier institución financiera; propiedad personal tangible; o instrumentos que evidencian una deuda, obligación, acción de acciones (derecho a emprender una acción legal), o acción de acciones. La cantidad, proporción o porcentaje a que cada sucesor tiene derecho es el siguiente:

Nombre del Sucesor	Descripción de la Propiedad	Cantidad

1. La propiedad debe ser pagada o entregada como se describe en la siguiente tabla, y luego la propiedad será distribuida a los sucesores de acuerdo con el párrafo 6 anterior:

Nombre del Sucesor o Persona que Recoge en Nombre de Uno o más Sucesores	Descripción de la Propiedad	Cantidad

2. Cualquier persona que recoja propiedad en nombre de uno o más sucesores será considerada un agente de dicho sucesor con todos los deberes de un agente bajo la ley de Colorado.

3. Entiendo que cualquier persona que reciba propiedad conforme a esta declaración jurada es responsable y debe rendir cuentas ante cualquier representante personal del patrimonio que se nombre posteriormente o cualquier otra persona que tenga un derecho superior sobre el patrimonio.

VERIFICACIÓN Y RECONOCIMIENTO

Yo, (nombre), juro/afirmo bajo juramento que he leído la siguiente COLECCIÓN DE PROPIEDAD PERSONAL POR MEDIO DE DECLARACIÓN JURADA CONFORME a la Sección 15-12-1201, C.R.S. y que las declaraciones contenidas en ella son verdaderas y correctas según mi leal saber y entender.

(Aquí imprimirías tu nombre. Firma y fecha en presencia de un notario, quien verificará tu identidad).

Leyes de Muerte por Negligencia

Para leer lo que realmente dice la ley de muerte por negligencia de tu estado, realiza una búsqueda en línea con el nombre del estado junto con el número de estatuto que he proporcionado. (También puedes encontrar la misma lista con enlaces a las leyes reales en mi sitio web, KyleBachus.com).

Recuerda: no sientas que tienes que contratar a un abogado solo para entender la ley de tu estado. Aunque puede ser un poco extensa, deberías poder comprender lo que significa para presentar un caso de muerte por negligencia en tu estado.

ALABAMA

Sección 6-5-410 del Código de Alabama
(Ala. Code Section 6-5-410)

ALASKA

Sección 09.55.580 del Estatuto de Alaska
(Alaska Stat. AS 09.55.580)

ARIZONA

Secciones 12-611, 12-612, 12-613 del Código de Arizona
(Ari. Rev. Section 12-611, 12-612, 12-613)

ARKANSAS

Sección 12-62-102 del Código de Arkansas
(Ark. Code Section 12-62-102)

CALIFORNIA

Secciones 377.60, 377.61 del Código de Procedimiento Civil
de California (Cal. Code of Civ. Proc. Section 377.60, 377.61)

COLORADO

Secciones 13-21-201, 13-21-202 del Estatuto de Colorado
(Colo. Rev. Stat. Section 13-21-201, 13-21-202) (2021)

CONNECTICUT

Sección 52-555 del Código General de Connecticut
(Conn. Gen. Stat. Section 52-555)

DELAWARE

Sección 3724 del Código de Delaware
(Del. Code Title 10 Section 3724)

DISTRITO DE COLUMBIA

Secciones 16-2701, 16-2703 del Código del Distrito de
Columbia (DC Code Section 16-2701, 16-2703)

FLORIDA

Secciones 768.16-768.26 de Florida
(Fla. Section 768.16-768.26)

GEORGIA

Sección 51-4-2 del Código de Georgia
(Ga. Code Title 51 Torts Section 51-4-2)

HAWÁI

Sección 663-3 del Estatuto Revisado de Hawái
(Hawaii Rev. Stat. Div. 4 Section 663-3)

IDAHO

Sección 5-311 del Estatuto de Idaho
(Idaho Stat. Title 5 Section 5-311)

ILLINOIS

Sección 180 del Estatuto de Illinois
(Ill. Stat. Chapter 740, Section 180)

INDIANA

Sección 34-23-1-1 del Código de Indiana
(Indiana Code Section 34-23-1-1)

IOWA

Sección 633.336 del Código de Iowa
(Iowa Code Title XV Section 633.336)

KANSAS

Sección 60-1901 del Código de Kansas
(Kan. Stat. Chapter 60 Section 60-1901)

KENTUCKY

Sección 391.130 de las Leyes Revisadas de Kentucky
(Kent. Rev. St. Section 391.130)

LOUISIANA

Artículo 2315.2 del Código Civil de Louisiana
(La. Civ. Code Tit. V, Art. 2315.2)

MAINE

Sección 2-804 del Estatuto Revisado de Maine
(Maine Rev. Stat. Title 18-A Section 2-804)

MARYLAND

Sección 3-904 del Código de Maryland, Sucesiones
y Fideicomisos
(Md. Code, Courts and Judicial Proceedings Section 3-904)

MASSACHUSETTS

Sección 2 del Capítulo 229 de las Leyes Generales de
Massachusetts (Mass. Gen. Laws Part III Ch. 229, Section 2)

MICHIGAN

Sección 600.2922 de las Leyes Compiladas de Michigan
(Mich. Comp. Laws, Chapter 600 Section 600.2922)

MINNESOTA

Sección 573.02 del Código de Minnesota
(Minn. Stat. Section 573.02)

MISSISSIPPI

Sección 11-7-13 del Código de Mississippi
(Miss. Code Title 11 Section 11-7-13)

MISSOURI

Sección 537.080 del Código Revisado de Missouri
(Missouri Rev. Stat. Title XXXVI Section 537.080)

MONTANA

Sección 27-1-513 del Código de Montana
(Mont. Title 27 Section 27-1-513)

NEBRASKA

Sección 30-809 del Código Revisado de Nebraska
(Neb. Rev. Stat. Chapter 30 Section 30-809)

NEVADA

Sección 41.085 del Código Revisado de Nevada
(Nev. Rev. Stat. Title 3 Section 41.085)

NEW HAMPSHIRE

Sección 556:12 del Código de New Hampshire
(N.H. Rev. Stat. Title LVI Section 556:12)

NEW JERSEY

Ley de Muerte Indebida de New Jersey
(N.J. Wrongful Death Act)

NEW MEXICO

Sección 41-2-1 del Código de New Mexico
(N.M. Stat. Section 41-2-1)

NEW YORK

Sección 5-4.1 de las Leyes de Poderes y Fideicomisos de
Nueva York (N.Y. Cons. Laws, Estates, Powers and Trusts Law
Section 5-4.1)

NORTH CAROLINA

Sección 28A-18-2 del Código General de North Carolina
(N.C. Gen. Stat. Section 28A-18-2)

NORTH DAKOTA

Sección 32-21-01 del Código Central de North Dakota
(N.D. Cent. Code Section 32-21-01)

OHIO

Sección 2125.01 del Código Revisado de Ohio
(Ohio Rev. Code Title XXI Section 2125.01)

OKLAHOMA

Sección 12-1053 del Código de Oklahoma
(Okla. Stat. Section 12-1053)

OREGÓN

Sección 30.020 del Código Revisado de Oregon
(Ore. Rev. Stat. Section 30.020)

PENNSYLVANIA

Sección 8301 del Código de Pennsylvania
(Penn. Stat. Title 42 Pa.C.S.A. Section 8301)

RHODE ISLAND

Sección 10-7-1 de las Leyes Generales de Rhode Island
(R.I. Gen. Laws Section 10-7-1)

SOUTH CAROLINA

Sección 15-51-10 del Código de South Carolina
(S.C. Code of Laws Section 15-51-10)

SOUTH DAKOTA

Sección 21-5-5 de las Leyes Anotadas de South Dakota
(S.D. Cod. Laws Section 21-5-5)

TENNESSEE

Sección 20-5-106 del Código de Tennessee
(Tenn. Code Section 20-5-106)

TEXAS

Sección 71.00 del Código de Procedimiento Civil y
Remuneración de Texas
(Tex. Civ. Prac. & Rem. Code Section 71.00)

UTAH

Sección 78B-3-106 del Código de Utah
(Utah Code Section 78B-3-106)

VERMONT

Sección 1491 del Código de Vermont
(Vt. Stat. Title 14 Section 1491)

VIRGINIA

Sección 8.01-50 del Código de Virginia
(Va. Code Section 8.01-50)

WASHINGTON

Sección 4.20.010 del Código Revisado de Washington
(Wash. Rev. Code Section 4.20.010)

WEST VIRGINIA

Sección 55-7-5 del Código de West Virginia
(W.V. Code Section 55-7-5)

WISCONSIN

Sección 895.04 del Código de Wisconsin
(Wisc. Statutes Section 895.04)

WYOMING

Sección 1-38-101 del Código de Wyoming
(Wyo. Statutes Section 1-38-101)

Agradecimientos

Quiero comenzar con un enorme y sincero agradecimiento a mi esposa, Jessica, por estar a mi lado y por soportar nuestro loco horario y las largas horas durante más de veinte años, tiempo dedicado a la búsqueda de justicia y responsabilidad para tantas familias. Gracias por tu amor y apoyo, por ser mi confidente, y por tu perspicacia, aportes y compasión. ¡Todo mientras eras una gran mamá para nuestros hijos! Las palabras no pueden expresar la gratitud que siento por todas las cosas que hiciste cuando la tragedia golpeó a nuestra familia en un martes cualquiera por la noche. Te lanzaste a la acción en el momento en que subí las escaleras con la horrible noticia: intentando consolarme a mí y a los niños en medio de tu propio shock y dolor, llevándonos en avión a Florida, y entrando en la casa de mamá para rescatar a sus gatos y asegurar sus computadoras portátiles, cuentas de Shutterfly y correo electrónico cuando yo no estaba listo para entrar. Y semanas después, estando allí conmigo para ordenar las pertenencias de mamá, junto con las innumerables otras cosas que has hecho desde entonces para ayudar a preservar su memoria y legado para nuestra familia. Te amo mucho.

Gracias a Bailey, Kamden, Karson y nuestro dulce ángel Kenzi por todo el amor, apoyo, inspiración y perspectiva que me han brindado desde el día en que nacieron. ¡Son tan amados, y no podría estar más orgulloso de ustedes! Gracias por permitirme ser su papá. Lamento mucho que hayan perdido a su Big Sissy, pero también estoy muy agradecido por el tiempo que pasaron con ella. Sé cuánto Big Sissy atesoraba cada momento que pasó con ustedes, y estoy agradecido de haber podido estar allí para ver todo el amor. Ella los amaba mucho y estaba muy orgullosa de ser su abuela.

A Darin Schanker, mi socio legal de más de veinticinco años. ¿Quién habría pensado en 1996 que, veinticinco años después, aún podríamos hacer este trabajo juntos y que nuestro bufete crecería hasta tener la fuerza, recursos y talento legal que tiene hoy. Darin, estoy eternamente endeudado contigo por todo lo que hiciste por mí y mi familia desde el momento en que te contacté para informarte sobre la muerte de mi mamá. Dejaste todo y tomaste medidas inmediatas para ayudar a mi familia. Tenías ingenieros y expertos investigadores en el terreno en Florida dentro de las veinticuatro horas, lo cual fue invaluable, mientras mi propia mente se revolvía de dolor. Solo saber que tú y un equipo de expertos estaban trabajando para preservar evidencia y obtener respuestas sobre lo que sucedió proporcionó a toda mi familia una medida de control en el caos. Has sacrificado y has estado allí en cada paso del camino para mí como amigo pero también como abogado de mi familia. ¡Gracias!

Gracias a Zachary Wool, Jessica Perez Reynolds, Maaren Johnson, Lauren Epke, Edie Britton, Melanie Sulkin y el resto del equipo legal de primera que se reunió rápidamente para buscar respuestas, responsabilidad y justicia para mi mamá. Sé por Darin que cada uno de ustedes se acercó y se ofreció para trabajar en el caso de mi mamá a pesar de sus horarios ocupados. Gracias por ser amigos increíbles y por ofrecer sus muchos talentos en nombre de mi mamá. Nunca olvidaré su amabilidad. ¡Son todas personas asombrosas!

Edie, también necesito agradecerte por todo lo que hiciste para mantener este libro en horario junto con la organización del resto de mi vida profesional durante un año tan difícil. El libro no habría sido completado sin ti.

A Mark Travis. Este libro literalmente no existiría sin ti. Estoy muy agradecido de que hayamos tenido la oportunidad de trabajar juntos en él. Me gusta pensar que Big Sissy jugó un papel en encontrarte; ella era excelente identificando personas talentosas. Gracias por tu guía y compromiso con el proceso. Gracias por la manera gentil y compasiva en que me ayudaste a trabajar a través de los temas difíciles pero importantes que tuvieron que ser revividos para hacer de este libro lo que es. Gracias por ayudarme a honrar a mi mamá. También quiero agradecer al resto de los equipos de publicación y edición de Scribe que fueron indispensables para hacer realidad este libro.

A Aaron Evans. Gracias por la guía que has proporcionado durante tantos años a nuestros clientes sobre todo lo relacionado con leyes de sucesiones, testamentos, fideicomisos y planificación patrimonial. ¡Eres un abogado tremendo y un amigo aún mejor! Gracias por tu disposición para compartir tu experiencia legal conmigo en este proyecto.

A Bastion Kane, sin duda uno de los mejores redactores de informes legales en los Estados Unidos. Gracias por dos décadas de amistad y colaboración. Gracias por tu trabajo excepcional con los expertos y tu redacción sobre los muchos temas legales importantes involucrados en el caso de mi mamá. Gracias por siempre estar allí para mi familia.

Justin Ferrugia, gracias por la investigación exhaustiva que proporcionaste sobre muchos de los temas importantes que cubrimos en este libro. Tu trabajo en este proyecto será muy útil para familias en todo el país que enfrentan pérdidas traumáticas.

Gracias a Laurie Meadows por trabajar conmigo para procesar mi dolor y pérdida traumática. Ha sido un largo camino. Estoy muy agradecido por tu ayuda profesional. ¡Eres increíble en tu trabajo! Y gracias a Elishia Oliva por tus muchos años de amistad, por estar allí para mi familia en nuestro momento de crisis y por sugerirme leer el libro de Megan Devine. Cambió mi perspectiva y es realmente el impulso para mi decisión de escribir este libro.

A mi hermano, Kirk, y a mi hermana, Kara. Gracias por estar en mi esquina toda mi vida y por estar allí para mí después de que perdimos a nuestra mamá.

A Bonnye, Larry y Sharri, gracias por una vida de estar allí para Big Sissy el 100 por ciento del tiempo y por todo lo que han hecho para honrar su vida. ¡Sé cuánto la amaban todos ustedes!

Mamá, Papá y Cindy, gracias por apoyarme siempre y por el amor y apoyo incondicional que constantemente han dado a toda nuestra familia.

Sobre el Autor

Kyle Bachus ganó su primer argumento frente a la corte suprema estatal cuando tenía diecisiete años. Como estudiante de penúltimo año de secundaria, Kyle asistió a un día de legislación estatal de Florida para estudiantes de secundaria. Allí, fue seleccionado para argumentar un tema predeterminado frente a un panel de abogados licenciados que estaban en una corte suprema simulada. Se le proporcionó la documentación adecuada y se le encargó investigar y preparar su argumento. Seleccionado como uno de los mejores presentadores del día a nivel estatal, se sorprendió e inspiró para seguir una carrera en el derecho.

Se graduó de la Universidad de Florida con un título de Bachelor of Science (Licenciado en Ciencia) en 1989 y de la Facultad de Derecho de la Universidad de Florida tres años después. Comenzó a trabajar el lunes siguiente a su graduación en un bufete de abogados de lesiones personales para demandantes.

Kyle se mudó a Colorado en 1994 y se unió a un bufete de abogados de lesiones personales en Denver. Dos años después, Kyle y el abogado Darin Schanker abrieron Bachus & Schanker, LLC en una pequeña oficina alquilada con menos de $15,000 USD. En los años siguientes, Bachus & Schanker ha crecido hasta convertirse en uno de los bufetes de abogados de lesiones personales más grandes de la región. Hoy en día, Kyle supervisa el Grupo de Litigación Élite del bufete, donde limita su práctica personal a representar a familias en todo Estados Unidos en casos de muerte por negligencia y lesiones catastróficas.

Kyle es miembro de las asociaciones de abogados de Colorado y Florida y ha servido en la Junta Directiva de la Asociación de Abogados de Juicios de Colorado durante más de veinte años en total. Ha servido en numerosos comités y ha recibido repetidamente reconocimientos de sus colegas a nivel estatal y nacional. Está orgulloso del papel que ha desempeñado en la aprobación de legislación estatal y nacional para proteger a los consumidores y es un orador frecuente y conferencista invitado.

Kyle vive en Denver con su esposa y sus tres hijos.